Ein Handbuch zur Antike des Menschen

JP MacLean

Writat

Diese Ausgabe erschien im Jahr 2023

ISBN: 9789359254142

Herausgegeben von
Writat
E-Mail: info@writat.com

Inhalt

VORWORT.

Als ich Vorträge über das Alter des Menschen hielt, habe ich festgestellt, dass die Menschen bereit waren, die Beweise anzunehmen, und dass sie bereit waren, den Schlussfolgerungen der Geologen zu glauben. Ich hatte das Bedürfnis, ein populäres Werk in die Hände der Öffentlichkeit zu legen, das sowohl lehrreich als auch willkommen wäre. Die Werke von Lyell und Lubbock sind zu aufwendig und zu teuer, um den allgemeinen Bedarf zu decken. Mein Ziel war es, einen Überblick über das Thema zu geben, der ausreicht, um denjenigen, die die Informationen wünschen, sie aber nicht weiter verfolgen können, eine angemessene Vertrautheit mit den Fakten im Zusammenhang mit der neuen Wissenschaft zu ermöglichen , und als Handbuch für diejenigen zu dienen, die es werden wollen kompetenter.

Da die Einheit der Sprache und die Einheit der Rasse so eng mit dem Thema verbunden sind, habe ich die beiden Kapitel zu diesen Fragen hinzugefügt, in der Hoffnung, dass sie für den Leser akzeptabel sind. Es war meine Absicht, ein ausführlicheres Kapitel über die Beziehung der Heiligen Schrift zu diesem Thema zu schreiben, musste mich aber, wie ich es in anderen Kapiteln getan hatte, verdichten, um die vorgeschlagenen Grenzen des Buches nicht zu überschreiten.

Bei der Vorbereitung dieser Arbeit habe ich Lyells „Antiquity of Man" und „Principles of Geology", Lubbocks „ Pre-Historic Times", Buchners „Man in the Past, Present, and Future", Figuiers „Primitive Man" frei verwendet. Wilsons „Pre-Historic Man", Kellers „Pfahlbauten", die Werke von Charles Darwin, Danas „Manual of Geology", Huxleys „Man's Place in Nature", Prichards „Natural History of Man", Pouchets „Plurality of the Human " . Rasse" und andere, auf die am Rand Bezug genommen wird.

Ich bin meinem Freund, Herrn Frank Cushing, für die ideale Wiederherstellung des Neandertalers zu Dank verpflichtet. Die Gravur wurde speziell für dieses Werk angefertigt. Die Hinweise auf Buchner stammen aus seinem Werk mit dem Titel „Der Mensch in Vergangenheit, Gegenwart und Zukunft".

KAPITEL I.

EINFÜHRUNG.

Kein Thema hat in den letzten Jahren die Aufmerksamkeit der Geologen so sehr in Anspruch genommen wie das Altertum der Menschheit. Das Interesse wurde durch die Veröffentlichung von Sir Charles Lyells „Antiquity of Man" erheblich gesteigert. Dieses Werk lenkte die Aufmerksamkeit der Öffentlichkeit auf das Thema, und das Interesse wurde so groß, dass der Liste viele Bände und Memoiren hinzugefügt wurden, in denen die Frage auf verschiedene Weise und größtenteils auf eine Art und Weise erörtert wurde wecken Sie neues Interesse und werfen Sie mehr Licht auf das Thema. Die Wissenschaftler nutzten nur langsam die Entdeckungen, die immer wieder zu Knochen und Werken von Menschen gemacht wurden, die in Höhlen gefunden und mit den Überresten ausgestorbener Tiere in Verbindung gebracht wurden. Es ist wahrscheinlich, dass es selbst zu diesem späten Tag nicht so viele Diskussionen über dieses Thema gegeben hätte, wenn Sir Charles Lyell ihm nicht das Gewicht seines großen Namens verliehen hätte. Überall begannen gebildete Männer an der Richtigkeit der Chronologie von Erzbischof Usher zu zweifeln, und die Meinungsrevolution war so weit fortgeschritten, dass es fast unmöglich ist, einen intelligenten Mann zu finden, der die Zeitspanne der menschlichen Existenz auf 6.000 Jahre begrenzen würde.

An Aimé Boué , einem französischen Geologen, muss die Ehre zugeschrieben werden, als erster das hohe Alter der Menschheit verkündet zu haben; an Dr. Schmerling, den gelehrten belgischen Osteologen, der aufgrund seiner mühsamen Untersuchungen, seines unermüdlichen Eifers und seiner großartigen Arbeit zu diesem Thema den verdienten Titel erhielt, der Begründer der neuen Wissenschaft zu sein; an M. Boucher de Perthes, seinen großen Apostel; während Sir Charles Lyell und Sir John Lubbock die Ehre zugeschrieben werden muss, die neue Theorie populär gemacht zu haben.

Die neue Wissenschaft etablierte sich bald endgültig, und die Geologen machten sich sofort daran, die vor ihnen liegenden Tatsachen zu klassifizieren, um ihnen ihren jeweiligen Platz in den geologischen Epochen zuzuweisen. Bezüglich der chronologischen Reihenfolge sind sich alle einig, aber alle haben nicht die gleiche Nomenklatur verwendet, was zu mehr oder weniger Verwirrung geführt hat. Sir J. Lubbock hat die prähistorische Archäologie wie folgt in vier große Epochen eingeteilt:

„I. Das der Drift; als der Mensch den Besitz Europas mit dem Mammut, dem Höhlenbären, dem Wollhaarnashorn und anderen ausgestorbenen Tieren teilte. Dies können wir das „ Paläolithikum " nennen.

„II. Die spätere oder polierte Steinzeit; eine Zeit, die durch wunderschöne Steinwaffen und Instrumente aus Feuerstein und anderen Steinarten gekennzeichnet ist; in der wir jedoch keine Spur von der Kenntnis eines Metalls finden, mit Ausnahme von Gold, das dies zu tun scheint wurden manchmal für Ornamente verwendet. Man kann dies als „Neolithikum" bezeichnen.

„III. Die Bronzezeit, in der Bronze für Waffen und Schneidinstrumente aller Art verwendet wurde.

„IV. Die Eisenzeit, in der dieses Metall Bronze für Waffen, Äxte, Messer usw. verdrängt hatte." [1]

Diese Unterteilungen werden von Lyell und Tylor anerkannt.

Edward Lartet hat die folgende Klassifizierung vorgeschlagen:

I. DIE STEINZEIT.

1. Epoche ausgestorbener Tiere (oder des großen Bären und Mammuts).

2d. Epoche der eingewanderten lebenden Tiere (oder Rentier-Epoche).

3d. Epoche der domestizierten lebenden Tiere (oder die Epoche des polierten Steins).

II. DAS METALLZEITALTER.

1. Die Bronzezeit.

2d. Die Eiserne Epoche.

Diese Art der Einteilung wird von M. Figuier in seinem „Primitive Man" übernommen, vom Museum von Saint-Germain in dem Teil, der den prähistorischen Altertümern gewidmet ist, und in wesentlichen Punkten von Troyon und d'Archiac übernommen .

Professor Renevier aus Lausanne hat ein etwas anderes Schema vorgeschlagen, das auf den Epochen der Schweizer Vereisung basiert. Es ist wie folgt:

„I. *Voreiszeitliche Epoche* , in der der Mensch zeitgleich mit dem Elefanten (*Elephas antiquus*), dem Nashorn (*R. hemitæchus*) und dem Höhlenbären (*Ursus spelæus*) lebte.

„II. *Eiszeit* , in der der Mensch gleichzeitig mit dem Mammut (*Elephas primigenius*), dem Nashorn (*R. tichorrhinus*), dem Höhlenbären usw. lebte.

„III. *Nacheiszeitliche Epoche* , in der der Mensch zeitgleich mit Mammut und Rentier (*Cervus tarandus*) lebte.

„IV. *Letzte Epoche* oder Epoche der *Pfahlbauten , in der der Mensch* zeitgleich mit dem irischen Elch (*Megaceros)* lebte *hibernicus*), Auerochsen (*Bison Europæus*)" usw. [2]

Westropp unterteilt die Epochen des Menschen in Bezug auf seine Zivilisationsstufen wie folgt: *Wildheit , Jäger , Hirten* und *Landwirte* .

Auf den folgenden Seiten wurde eine etwas andere Klassifizierung übernommen, die wie folgt erläutert werden kann:

I. *Voreiszeitliche Epoche* ; jene Zeit vor den Gletschern des Posttertiärs, in der der Mensch gleichzeitig mit den Tieren des Tertiärs, dem südlichen Elefanten (*E. meridionalis*) usw. lebte.

II. *Eiszeit* ; jene Zeit des Posttertiärs, in der der Mensch gezwungen war, mit den großen Eisfeldern und den unmittelbar darauf folgenden Überschwemmungen zu kämpfen, als das Mammut (*E. primigenius*), das Nashorn (*R. tichorrhinus*), der Höhlenbär usw. begannen aufblühen.

III. *Zwischeneiszeit* ; jene Zeit zwischen der Eiszeit und dem zweiten Vorstoß des Eises, in der der Mensch zeitgleich mit den Tieren der vorangegangenen Epoche lebte und der Höhlenbär ausstarb.

IV. *Rentier-Epoche* ; jene Zeit, in der die Gletscher wieder vordrangen; in der die Hauptnahrung des Menschen aus dem Fleisch des Rentiers (*C. tarandus*) bestand, das in zahlreichen Herden bis in den Süden bis in die Pyrenäen gelangte.

V. *Jungsteinzeit* ; jene Zeit, in der der Mensch seine Steinwaffen polierte und versuchte, bestimmte Tiere, den Hund usw., zu domestizieren.

VI. *Bronzezeit* ; Diese Zeit war dadurch gekennzeichnet, dass Waffen und Geräte hauptsächlich aus Bronze hergestellt wurden.

VII. *Eisenzeit* ; jene Zeit, in der Bronze im Allgemeinen durch Eisen ersetzt wurde.

Diese Klassifizierung scheint im Großen und Ganzen die beste zu sein, die man sich vorstellen konnte, da sie versucht, die Beweise für die Existenz des Menschen in ihre relativen geologischen Positionen einzuordnen.

Andere Methoden haben den Schüler in die Irre geführt. Es gab keine universelle Stein-, Bronze- oder Eisenzeit. Die von Lubbock gegebene Einteilung gilt für Europa, ist aber zu allgemein. Aus Mangel an einem besseren Begriff habe ich das Wort „Neolithikum" übernommen, obwohl die Bedeutung des Wortes der Zeit angemessen ist, die es darstellen soll.

Diese verschiedenen Epochen sind nicht scharf voneinander abgegrenzt; aber das eine verschmilzt mit dem anderen durch einen allmählichen Fortschritt über einen Zeitraum von Tausenden von Jahren. Auch das Wachstum der verschiedenen Pflanzen und Tiere und ihr Rückzug bzw. ihr endgültiges Aussterben verliefen sehr langsam.

Ein Überblick über die Geschichte der Entdeckungen, die zu einer sorgfältigen Untersuchung der Frage führten und die Frage in eine Wissenschaft verwandelten, ist nicht nur von Interesse, sondern auch von Bedeutung für den sorgfältigen Denker, der Informationen zu diesem Thema sucht.

Vor dem Studium der antiken Geräte „hatten die Menschen so wenig Ahnung von der Natur und Bedeutung der Steinäxte und Waffen früherer und späterer Zeiten, dass sie mit abergläubischer Angst und Hoffnung und als Produkte von Blitz und Donner betrachtet wurden. Daher." Lange Zeit wurden sie sogar von den Gelehrten als Blitze bezeichnet ... Noch im Jahr 1734, als Mahndel in der Pariser Akademie erklärte, dass diese Steine menschliche Werkzeuge seien, wurde er ausgelacht, weil er nicht bewiesen hatte, dass sie es konnten nicht in den Wolken entstanden." [3]

Bereits im Jahr 1700 wurde zusammen mit den Knochen des Mammuts ein menschlicher Schädel aus dem Kalktuff von Constatt gegraben. Es wird im Naturhistorischen Museum Stuttgart aufbewahrt.

Im Jahr 1715 fand ein Engländer namens Kemp in London neben Elefantenzähnen ein Steinbeil, ähnlich denen, die später in großer Zahl in verschiedenen Teilen der Welt gefunden wurden. Dieses Beil ist noch immer im British Museum erhalten.

Im Jahr 1774 entdeckte JF Esper in der Höhle von Gailenreuth , Bayern, einige menschliche Knochen, vermischt mit den Überresten ausgestorbener Tiere.

Im Jahr 1797 wurden ungeschliffene Feuersteinäxte in großer Zahl aus einem Ziegelfeld in der Nähe von Hoxne , Grafschaft Suffolk, ausgegraben, wo sie in einer Tiefe von zwölf Fuß vorkamen, vermischt mit den Knochen ausgestorbener Tierarten. Sie wurden gesammelt und körbevoll auf die Nachbarstraße geworfen. Im Jahr 1801 las John Frere vor der Society of Antiquaries einen Artikel über sie, in dem er feststellte, dass sie auf eine sehr ferne Zeit hinwiesen. Diese Mitteilung, so kurz sie auch war, enthielt die Essenz aller späteren Entdeckungen und Spekulationen über das Alter des Menschen. Doch die Gesellschaft betrachtete das Thema als unwichtig.

Beim Bau eines Kanals (1815-1823) in Hollerd wurde in der Nähe von Maestricht im *Löss* ein menschlicher Kiefer zusammen mit den Knochen ausgestorbener Tiere gefunden. Dieser Knochen wird im Museum in Leyden aufbewahrt.

Im Jahr 1823, Aimé Boué hat Teile eines menschlichen Skeletts aus altem, unberührtem Löss in der Nähe von Lahr ausgegraben, einem kleinen Dorf fast gegenüber von Straßburg. Diese Knochen wurden in die Obhut von Cuvier gegeben, sind aber nun verloren, da sie vernachlässigt wurden.

Im selben Jahr veröffentlichte Dr. Buckland, ein englischer Geologe, seine „ Reliquiæ" . Diluvianæ ", ein Werk, das sich hauptsächlich einer Beschreibung der Kirkdale- Höhle widmet. Der Autor kombinierte alle bekannten Fakten, die das Zusammenleben des Menschen mit den ausgestorbenen Tieren begünstigten.

Im Jahr 1828 erkundeten M. Tournal und M. Christol zahlreiche Höhlen im Süden Frankreichs. In der Höhle von Bize fand Tournal menschliche Knochen und Zähne sowie Fragmente roher Keramik sowie Knochen lebender und ausgestorbener Tierarten, eingebettet in denselben Schlamm und dieselbe Brekzie, zementiert durch Stalagmiten. Die menschlichen Knochen befanden sich im gleichen chemischen Zustand wie die der ausgestorbenen Arten.

M. Christol fand in der Höhle von Pondres in der Nähe von Nîmes einige menschliche Knochen im selben Schlamm wie die Knochen einer ausgestorbenen Hyäne und eines ausgestorbenen Nashorns.

Im Jahr 1833 erkundete Dr. Schmerling die beiden Knochenhöhlen von Engis und Enghihoul (Belgien). Im ersteren fand er den Engis- Schädel (heute im Museum der Universität Lüttich) in einer Tiefe von fast fünf Fuß unter einer knöchernen Brekzie. Die Erde enthielt auch die Zähne von Nashörnern, Pferden, Hyänen und Bären und wies keine Spuren von Störungen auf. Er fand auch den Schädel eines jungen Menschen, der neben einem Mammutzahn steckte. Es war ganz, aber so zerbrechlich, dass es vor der Entnahme in Stücke zerfiel. In der Höhle von Enghihoul fand er zahlreiche Knochen von drei Menschen, vermischt mit Knochen ausgestorbener Tiere. In diesen Höhlen bemerkte er grobe Feuersteininstrumente, sammelte jedoch nicht viele davon. In der Obhut von Chokier entdeckte er einen polierten und gegliederten nadelförmigen Knochen, durch den an seiner Basis ein Loch gebohrt war. Die Höhlen von Engis und Chokier wurden zerstört, während nur ein Teil von Enghihoul übrig bleibt.

Bald nach diesen Entdeckungen veröffentlichte Dr. Schmerling ein Werk, das eine große Menge von Objekten beschrieb und darstellte, die in den belgischen Höhlen entdeckt worden waren. Die Wissenschaftler waren noch nicht auf die neuen Entdeckungen vorbereitet, und sie erregten zu dieser Zeit nur wenig Aufmerksamkeit.

Man kann Dr. Schmerling für seine unermüdliche Arbeit nicht genug loben. Über diese Arbeiten hat Sir Charles Lyell gesagt: „Es wäre nicht einfach gewesen, im Jahr 1832 den belgischen Philosophen durch jede Phase seiner Beobachtungen und Beweise zu verfolgen, um den Wahrheitsgehalt (Alterheit fossiler menschlicher Knochen) zu überprüfen." selbst für jemanden, der sich gut mit Geologie und Osteologie auskennt, eine Aufgabe. Wie Schmerling Tag für Tag an einem Seil an einem Baum festgebunden wurde, um zum Fuß der ersten Öffnung der Engis- Höhle zu rutschen, wo Die am besten erhaltenen menschlichen Schädel wurden gefunden; und nachdem man sich so Zugang zur ersten unterirdischen Galerie verschafft hatte, krieche man auf allen Vieren durch einen schmalen Gang, der zu größeren Kammern führt, um dort Woche für Woche und Jahr für Jahr bei Fackelschein die Überwachung zu überwachen Arbeiter, die die stalagmitische Kruste so hart wie Marmor durchbrachen, um Stück für Stück die darunter liegende, fast ebenso harte Knochenbrekzie zu entfernen; stundenlang mit den Füßen im Schlamm zu stehen und das vom Dach tropfende Wasser auf dem Kopf zu haben , um die Position jedes einzelnen Knochens eines Skeletts zu markieren und vor dem Verlust zu schützen; und schließlich, nachdem man für all diese Unternehmungen Muße, Kraft und Mut gefunden hatte, konnte man sich als Früchte seiner Arbeit auf die Veröffentlichung unerwünschter Informationen freuen, die im Gegensatz zu den Vorurteilen der wissenschaftlichen wie auch der unwissenschaftlichen Öffentlichkeit standen; – Wenn man diese Umstände berücksichtigt, braucht man sich kaum zu wundern ... dass ein Vierteljahrhundert verstrichen sein sollte, bevor auch nur die benachbarten Professoren der Universität Lüttich hervortraten , um die Wahrhaftigkeit ihres unermüdlichen und klarsichtigen Landsmanns zu bestätigen. " [4]

Im Jahr 1835 fand M. Joly, damals Professor am Lyceum von Montpellier, in der Höhle von Nabrigas (Lozére) den Schädel eines Höhlenbären, auf dem ein Pfeil seine Spuren hinterlassen hatte. In der Nähe befand sich ein Keramikfragment, das mit dem Finger des Formers markiert war .

Im Tal der Somme (einem Fluss im Norden Frankreichs) fand M. Boucher de Perthes diese berühmten Feuersteinäxte in der rauesten Form. Seine Erkundungen waren schon seit längerem im Gange. Er tat alles, was er konnte, um diese Entdeckungen der Öffentlichkeit zugänglich zu machen. Im Jahr 1836 begann er in einer Reihe von Mitteilungen an die Société d'Emulation von Abbeville, das hohe Alter des Menschen zu verkünden. Der gleichen Gesellschaft stellte er im Jahr 1838 die Feuersteinäxte aus, die er gefunden hatte, jedoch ohne Erfolg. 1839 brachte er diese Beile nach Paris und zeigte sie einigen Mitgliedern des Instituts. Zunächst ermutigten sie diese

Forschungen ; aber dieses wohltuende Gefühl hielt nicht lange an. Im Jahr 1841 begann er mit dem Aufbau seiner seitdem zu Recht gefeierten Sammlung. Er engagierte ausgebildete Arbeiter, um in den Flutschichten zu graben, und in kurzer Zeit hatte er zwanzig von Menschenhand bearbeitete Feuersteinexemplare gesammelt, wenn auch in einem sehr rauen Zustand. 1846 veröffentlichte er sein erstes Werk zu diesem Thema mit dem Titel „De l'Industrie Primitive, ou les Arts et leur ". Origine ." Im folgenden Jahr veröffentlichte er seine „ Antiquités Celtiques et Antédiluviennes ", in dem er Illustrationen dieser Steingeräte lieferte. Dieses Werk erregte keine Aufmerksamkeit, bis im Jahr 1854 ein französischer *Gelehrter* namens Rigollot eine persönliche Untersuchung durchführte und bei seiner Suche nach diesen Relikten in der Nachbarschaft erfolgreich war Amiens. Ihm folgten bald Sir C. Lyell, Sir John Lubbock, Dr. Falconer, Sir Roderick I. Murchison und andere bedeutende Wissenschaftler.

Boucher de Perthes setzte seine Forschungen fort und wurde im Jahr 1863 belohnt, indem er die untere Hälfte eines menschlichen Kieferknochens fand, die mit einer Erdkruste bedeckt war und die er mit eigenen Händen aus einer Kiesgrube in Abbeville holte. Ein paar Zentimeter davon entfernt wurde ein Feuersteinbeil entdeckt. Sie befanden sich in einer Tiefe von fünfzehn Fuß unter der Oberfläche. Dieser Knochen wurde Kiefer von Moulin- Quignon genannt und wird im Naturhistorischen Museum in Paris aufbewahrt.

Die Entdeckung dieses Knochens löste bei englischen Geologen großes Aufsehen aus. Christy, Falconer, Carpenter und Busk reisten nach Frankreich und untersuchten den Ort, an dem der Knochen gefunden wurde. Sie waren sowohl mit der Authentizität als auch mit der Antike zufrieden. Einige Geologen bezweifelten jedoch seine Echtheit; aber heute erkennen alle oder fast alle die Wahrheit der Schlussfolgerungen von Boucher de Perthes an.

Unweit desselben Ortes gelang es ihm 1869 erneut, eine Reihe menschlicher Knochen zu finden, die den gleichen Charakter hatten wie der Kiefer von Moulin- Quignon .

Im Jahr 1840 fand Rev. J. MacEnery aus Devonshire, England, in einer Höhle namens Kent's Hole menschliche Knochen und Feuersteinmesser zwischen den Überresten von Mammuts , Höhlenbären, Hyänen und zweihörnigen Nashörnern, alles von unten eine Kruste aus Stalagmiten. Herr MacEnery begann bereits 1825 mit der Erkundung dieser Höhle. Er veröffentlichte seine Aufzeichnungen über seine Entdeckungen nicht, sie blieben jedoch bis 1859 im Manuskript, als sie von Herrn Vivian erhalten wurden.

Herr Godwin-Austen gibt in seiner Mitteilung an die Geological Society im Jahr 1840 in seiner Beschreibung von Kent's Hole an, dass er in allen Teilen der Höhle Kunstwerke gefunden habe.

Der fossile Mann von Denise wurde von einem Bauern in einem alten vulkanischen Tuffstein in der Nähe der Stadt Le Puy- en - Velay in Zentralfrankreich entdeckt. Ein Bericht darüber wurde erstmals 1844 von Dr. Aymard veröffentlicht . Fähige Naturforscher, die Wissenschaftler, die diese Knochen untersucht haben, insbesondere diejenigen, die mit den vulkanischen Regionen Zentralfrankreichs vertraut sind, erklärten, dass sie glaubten, sie seien durch natürliche Ursachen in die Tuffmatrix eingehüllt worden, in der sie jetzt zu sehen sind.

In den Jahren 1845-1850 machte Casiano de Prado Entdeckungen am Ufer des Manzanares in der Nähe von Madrid. Sie bestanden aus Teilen des Nashornskeletts und einem nahezu perfekten Elefantenskelett im Sand der Flut. Unter diesem knöchernen Sand lagen mehrere von Menschenhand gefertigte Feuersteinäxte.

ABB. 1.
SIR CHARLES LYELL.

In der Nähe der Stadt Aurignac in Frankreich entdeckte ein Arbeiter namens Bonnemaison im Jahr 1852 zufällig eine Höhle mit den Überresten von siebzehn menschlichen Skeletten. Diese Knochen wurden von Dr. Amiel , dem Bürgermeister von Aurignac, der ihren Wert nicht kannte, mitgenommen und auf den Pfarrfriedhof gebracht. Der Ort ihrer Wiederbestattung ist in Vergessenheit geraten und dieser Schatz ist nun für die Wissenschaft verloren. Im Jahr 1860 wurde die Höhle von Edward Lartet erkundet. Nach einer langen und geduldigen Untersuchung kam er zu dem

Schluss, dass es sich bei der Höhle um eine menschliche Grabstätte aus der Zeit des Mammuts und anderer großer Tiere des Quartärs handelte.

Auf der Tagung der British Association im Jahr 1855 bekundete Sir Charles Lyell seinen Glauben an das große Alter der Menschheit. Er hatte sich zuvor gegen die Idee ausgesprochen, war aber durch eine persönliche Untersuchung menschlicher Knochen und Feuersteinbeile aus den Steinbrüchen von St. Acheul von der Wahrheit überzeugt . Er begeisterte sich für seine Untersuchungen und veröffentlichte 1863 seine „Geological Evidences of the Antiquity of Man", um die Diskussion der wissenschaftlichen Öffentlichkeit klar darzustellen. In der letzten Ausgabe seiner „Principles of Geology" veröffentlichte er räumt der Diskussion des Themas viel Raum ein. In derselben Ansicht folgten ihm auch andere bedeutende Geologen.

Die Überreste der alten Pfahlbauten der Schweiz wurden im Winter 1853-1854 entdeckt. Dieser Winter war so trocken und kalt, dass das Wasser der Seen weit unter seinen normalen Pegel sank. Dadurch wurde ein großer Teil des Zürichsees durch die Aufschüttung von Uferwällen gewonnen. Im Verlauf der Arbeiten wurden die Pfähle, auf denen die Behausungen standen, Fragmente von Keramik, Knochen- und Steingeräten und verschiedene andere Relikte entdeckt. [5] Dr. Keller aus Zürich untersuchte die Objekte und kam sofort zu einem richtigen Verständnis hinsichtlich ihrer Bedeutung. Er untersuchte die Überreste sorgfältig und beschrieb diese Seesiedlungen in sechs Memoiren, die der Antiquarischen Gesellschaft Zürich in den Jahren 1854, 1858, 1860, 1863 und 1866 vorgelegt wurden. 1866 wurden diese Memoiren von JE Lee zusammen mit Artikeln aus ins Englische übersetzt andere Antiquare unter dem Titel „Die Pfahlbauten der Schweiz und anderer Teile Europas". Dieses Werk enthält neben vielen Holzschnitten siebenundneunzig Tafeln.

Von Zeit zu Zeit wurden Memoiren der Bewohner verschiedener Seen veröffentlicht, sie sind jedoch im übersetzten Werk von Dr. Keller enthalten.

Der berühmte Neandertaler-Schädel wurde im Jahr 1857 von Dr. Fuhlrott in einer Kalksteinhöhle in der Nähe von Düsseldorf in einer tiefen Schlucht entdeckt, die unter dem Namen Neandertaler bekannt ist. Dieser Schädel wurde zusammen mit Teilen des Skeletts, zu dem er gehörte, unter einer etwa fünf Fuß dicken Schlammschicht gefunden. Es befindet sich jetzt im Kabinett von Dr. Fuhlrott , Elberfeld, Rheinpreußen.

Im Jahr 1858 wurde in der Nähe von Torquay, nicht weit von Kent's Hole, eine Knochenhöhle gefunden. Diese Höhle wurde von einer wissenschaftlichen Kommission untersucht. Zunächst wurde es von der Royal Society durchgeführt, aber als die Zuschüsse ausblieben, übernahm Miss Burdett-Coutts die Kosten für die Fertigstellung der Arbeiten. In dieser

Höhle wurden unter einer Stalagmitschicht viele Feuersteinmesser gefunden, die mit den Knochen ausgestorbener Säugetiere in Verbindung gebracht werden.

MA Fontan fand 1859 in der Höhle von Massat (Departement Ariége) menschliche Zähne und Utensilien, die mit den Überresten des Höhlenbären, der fossilen Hyäne und des Höhlenlöwen (*Felis spelæa*) in Verbindung gebracht wurden.

Im Jahr 1861 fand MA Milne Edwards in der Höhle von Lourdes, Frankreich, bestimmte Relikte menschlicher Industrie, vermischt mit fossilen Knochen von Tieren.

Im Jahr 1862 veröffentlichte Dr. Garrigou das Ergebnis seiner Forschungen, die er zusammen mit Rames und Filhol in den Höhlen von Ariége durchgeführt hatte . Diese Forscher fanden die Kieferknochen des Höhlenbären und des Höhlenlöwen, die von Menschenhand gefertigt worden waren.

In den oberen Schichten der Tertiärschichten (Pliozän) in St. Prest (Departement Eure) fand M. Desnoyers im Jahr 1863 die Knochen ausgestorbener Tiere, die mit Feuersteininstrumenten geschnitten oder eingekerbt waren. In denselben Schichten entdeckte Abbé Bourgeois steinerne Geräte. Er teilte seine Entdeckungen dem Internationalen Kongress 1867 in Paris mit.

Gosport und Southampton Feuersteingeräte , die in acht bis zwölf Fuß dicken Kies eingebettet waren und eine Klippe bedeckten, deren größte Höhe 35 Fuß über der Hochwassermarke liegt. Diese Feuersteinwerkzeuge ähneln genau denen, die in Abbeville und Amiens gefunden wurden. Einige davon werden im Blackmore Museum in Salisbury aufbewahrt.

Im Jahr 1865 wurden im Löss des Rheins in der Nähe von Colmar im Elsass menschliche Knochen im selben Bett wie Knochen von Mammuts, Pferden, Hirschen, Auerochsen und anderen Tieren gefunden.

Im Jahr 1866 grub Alfred Stevens erstmals ein Beil aus dem Kies an der Spitze der Meeresklippe östlich der Bournemouth-Mündung am Southampton River aus . Bald darauf besorgte sich Dr. Blackmore westlich des Tals zwei weitere Feuersteingeräte. Die Stelle wurde 1867 von Lyell untersucht.

Dr. Edward Dupont, ein bedeutender belgischer Höhlenforscher, fand im Jahr 1866 ein Fragment eines menschlichen Kiefers in der Trou de la Naulette , einer Knochenhöhle am Ufer des Flusses Lesse unweit von Chaleux .

Auf dem Internationalen Kongress von 1867 berichtete MA Issel, er habe in Schichten aus dem Pliozän in der Nähe von Savonia in Ligurien mehrere menschliche Knochen gefunden.

Die Rentierstation an der Schusse in Schwaben wurde 1867 bei Arbeiten zur Verbesserung eines Mühlenteichs entdeckt. Die Schusse ist ein kleiner Fluss, der in den Bodensee mündet und seine Quelle auf dem Hochplateau Oberschwabens zwischen dem Bodensee und dem Oberlauf der Donau hat.

Im Jahr 1868 entdeckte Thomas Codrington ein ovales Feuersteingerät im Kies auf der Spitze des Foreland Cliff auf der Isle of Wight, fünf Meilen südöstlich von Ryde.

Riviére in einer Höhle in der Nähe von Nizza, Frankreich, entdeckt . Das Skelett war fast vollständig und lag zwanzig Fuß unter der Oberfläche der Ablagerung.

Im Jahr 1873 entdeckte M. Riviére in einer der Höhlen in der gleichen Nachbarschaft ein weiteres menschliches Skelett, neben dem einige ungeschliffene Steingeräte lagen.

In den Jahren 1873 und 1874 hatte M. Riviére erneut das Glück, in benachbarten Höhlen die Überreste von drei Personen zu entdecken, darunter zwei von Kindern. Die Skelette waren in demselben Zustand und mit ähnlichen Ornamenten verziert wie die, die er zuvor entdeckt hatte.

KAPITEL II.

EISZEIT.

Zum Glück für den Archäo -Geologen erhält er einen Ausgangspunkt für seine Forschungen über das Altertum seiner Rasse. Ohne sie wären seine Berechnungen sehr unbestimmt und seine Bemühungen würden viel von ihrem Interesse verlieren. Die Eiszeit, die den Geist sowohl des Geologen als auch des Astronomen verwirrt hat, ist ein Wegweiser, an dem er nicht nur in beide Richtungen schauen, sondern auch die Länge der Zeitalter und die Zahl der Jahre des Menschen abschätzen kann. Für diese Untersuchung ist daher nichts wichtiger als das Verständnis des Zustands der Erde vor der Eiszeit und die Kenntnis des Datums und der Länge dieser Epoche.

Unzählige Jahrhunderte lang hatte sich die Erde allem Anschein nach auf die Aufnahme des Menschen vorbereitet. Es gab eine Fülle von Wild, die Wälder waren wunderschön, die Haustiere waren aufgetaucht, das Klima war warm, der Boden reichhaltig und die Kohle hatte sich gebildet. Alles schien auf eine strahlende und glorreiche Zukunft für den Menschen hinzudeuten, der bereits die Bühne betreten hatte. Es ist wahr, dass es wilde und wilde Bestien gab, mit denen man zu kämpfen hatte. Dies schien nur eine treibende Kraft zu sein, um den Menschen zum Handeln anzuregen und die Ressourcen seines Geistes zu entwickeln. Sollte es ihm eine Zeit lang nicht gelingen, die wilden Tiere zu besiegen, wurde ihm ein Rückzugsort in den hohlen Nischen der Erde geboten. Aber die Natur hatte das Gefühl, dass ihre Arbeit noch unvollendet war. Die Erde hatte die Feuerprobe überstanden und den Verwüstungen des Wassers standgehalten, und nun musste ihr langer Sommer zu Ende gehen. In den arktischen Regionen war es immer kälter geworden, und die Veränderung war auch in den Ländern im Süden zu spüren. Die nördlichen Tiere wurden zu ihrem Schutz mit einem haarigen oder wolligen Gewand bekleidet. Der Anblick begann bedrohlich zu werden. Die Zukunftsaussichten des Menschen waren nicht nur düster, sie ließen auch erahnen, dass er zusammen mit den vielen Tierarten, die nach und nach der Kälte zum Opfer fielen, sterben würde. An beiden Polen sammelten sich langsam große Eisfelder an, und schließlich begannen sie sich durch die Kraft ihres großen Gewichts, unterstützt durch einige geografische Veränderungen, in Richtung Äquator zu bewegen, wobei sie die großen Felsen zerschmetterten und zermahlen und entweder vor ihnen her trieben oder oder sie zerstören jedes Lebewesen auf ihrem unerbittlichen Marsch. Langsam aber sicher gingen sie weiter. Die Berge ächzten unter der enormen Last des Eises. Ihre Köpfe waren vernarbt, ihre Seiten waren gequetscht, zerrissen und verletzt. Die eisigen Monster hörten nicht auf das Flehen der Erde, das Brüllen des Viehs oder die Schreie der Menschen. Es vergingen

Jahrhunderte, bis die Sonne wieder ihre Macht erlangte. Die Sonnenstrahlen, die innere Hitze der Erde und andere Ursachen führten zu einer Veränderung. Das nördliche Eis war aufgebrochen, als es den 39. Breitengrad Nordamerikas erreichte, und hinterließ seine unauslöschlichen Spuren in den Mulden, Kies, Sand- und Lehmschichten, die seinen Verlauf markieren. In Europa reichte diese Eisschicht bis nach Spanien und Korsika. Die Gletscher der antarktischen Regionen erstreckten sich bis zum 41. Breitengrad südlich.

Fauna Europas. — Unter der Fauna können die riesigen Elefanten erwähnt werden, die fast doppelt so groß sind wie die größten heute existierenden Individuen, die in Herden über England streiften und sich über die sibirischen Ebenen und von der Behringstraße bis nach South Carolina erstreckten. Zweihörnige Nashörner wälzten sich in den Sümpfen der alten Wälder. Flusspferde lebten in den Seen und Flüssen. Der große Höhlenbär, der manchmal die Größe eines Pferdes erreichte, und der Höhlentiger, der doppelt so groß war wie der lebende Tiger, jagten Tiere, die weniger stark waren als sie selbst. Hyänentruppen, größer als die Südamerikas, kämpften mit anderen Raubtieren. Eine Wildkatzen-, Luchs- und Leopardenart fand in denselben Wäldern Rückzugsorte. Dann gab es ein bemerkenswertes fleischfressendes Tier namens *Machairodus* , etwa so groß wie ein Tiger und der Form und Größe der schwertähnlichen Zähne nach zu urteilen, muss es ein sehr zerstörerisches Geschöpf gewesen sein. Der Lemming und der Moschusochse fanden ein Zuhause, und das wilde Pferd tänzelte ungehindert von Menschenhand umher. Die großen irischen Elche bewegten sich schnell über den Boden und müssen sehr zahlreich gewesen sein, da ihre Überreste in Torfmooren und Mergelgruben in Hülle und Fülle vorkommen. Es sollte auch nicht unerwähnt bleiben, dass es auch eine Art riesiger Ochsen gab, die fast so groß wie ein Elefant war und in den Ebenen lebte. Alle diese Tiere folgten dem Rückzug der Gletscher und einige von ihnen befanden sich in unmittelbarer Nähe des Eises.

Geologische Periode. — Die Eiszeit fand in der geologischen Periode statt, die als Posttertiär bekannt ist. Das Tertiär war allmählich vergangen und seine Zeit war in die Seiten der Erdgeschichte eingegangen. Eine neue Epoche begann anzubrechen. Dies war die Epoche des Eises, die Geburt und fast die Kindheit des Posttertiärs.

Voraussichtliches Datum. – Bei der Erörterung des wahrscheinlichen Datums der Eiszeit sagt Sir Charles Lyell: „Der Versuch, einer unserer geologischen Perioden außer der jüngsten einen chronologischen Wert zuzuordnen, muss beim gegenwärtigen Stand der Wissenschaft aussichtslos sein. Dennoch, unabhängig davon Nach allen astronomischen Überlegungen muss man meiner Meinung nach zugeben, dass die Zeitspanne, die für das Einsetzen der größten Kälte und für ihre Dauer, als sie am intensivsten war, und für die Schwankungen, denen sie unterworfen war, sowie für den Rückzug der

Gletscher erforderlich war und das „große Tauwetter" oder das Verschwinden des Schnees von vielen Gebirgsketten, wo der Schnee einst ewig lag, dauerte nicht Zehntausende, sondern Hunderttausende von Jahren. Weniger Zeit würde für die Veränderungen in der physischen Geographie und im organischen Leben, die wir haben, nicht ausreichen Beweise. Für einen Geologen wäre es daher nicht verwunderlich, dass die größte Kälte vor zweihunderttausend Jahren stattgefunden haben sollte, obwohl dieses Datum als sehr mutmaßlich angesehen werden muss und als ein Datum betrachtet werden muss, bei dem es genauso wahrscheinlich ist, dass man sich in Unzulänglichkeiten irrt Zeit als Übermaß." [6]

Sir John Lubbock sagt in seinem Widerspruch zu einigen Berechnungen von Herrn Geikie über die allgemeine Wirkung, die Flüsse auf die Ausgrabung von Tälern und die Senkung des allgemeinen Niveaus des Landes haben: „Was die höheren Bezirke betrifft, sind seine Daten jedoch möglicherweise nicht der Fall." völlig falsch, und wenn wir sie auf das Somme-Tal anwenden, wo die Ausgrabung etwa zweihundert Fuß tief ist, würden sie auf ein Alter der paläolithischen Epoche von einhunderttausend bis zweihundertvierzigtausend Jahren hinweisen. [7]

In seinem Kapitel über die Länge der geologischen Zeit sagt Dana über die Zeit, die für die Ausgrabung der Schlucht des Niagara River benötigt wird: „Auf beiden Seiten der Schlucht in der Nähe des Whirlpools und auch auf Goat Island gibt es Schichten von neuere Seemuscheln ... die gleichen Arten, die in stillem Wasser in der Nähe des Seeeingangs leben und nicht in den Stromschnellen zu finden sind. Der See breitete daher sein stilles Wasser, als diese Schichten entstanden, über die darüber liegende Schlucht aus Der Strudel. In denselben Schichten wurde ein Zahn eines Mastodon (*M. giganteus*) gefunden. Dies lokalisiert die Zeit in der Champlain-Epoche.... Sechs Meilen der Schlucht wurden ausgegraben, seit dieser Mastodon lebte....

„Es gibt ein seitliches Tal, das vom Whirlpool durch den Abgrund von Queenstown an einem Punkt ein paar Meilen westlich von Lewiston führt. Dieses Tal ist mit Abdrift aus der Eiszeit gefüllt, und diese Verstopfung des Kanals könnte ihn gezwungen haben, ein neues zu öffnen Passage.

„Wenn sich die Wasserfälle also sechs Meilen zurückgezogen haben und wir die wahrscheinliche Geschwindigkeit des Fortschritts ermitteln können, können wir die dafür benötigte Zeit annähernd schätzen. Hall und Lyell schätzten die durchschnittliche Geschwindigkeit auf einen Fuß pro Jahr – das heißt sicherlich groß. Herr Desor kam nach seiner Untersuchung der Wasserfälle zu dem Schluss, dass es „mehr als drei Fuß pro Jahrhundert als drei Fuß pro Jahr" war. Geht man von einem Fuß pro Jahr aus, werden die sechs Meilen mehr als 31.000 Jahre benötigt haben; bei einem Zoll pro Jahr – das sind 8,3 Fuß pro Jahrhundert – dreihundertachtzigtausend Jahre." [8]

Die von Dana durchgeführte Berechnung bezieht sich auf die Champlain-Epoche. Da diese Epoche auf die Eiszeit folgte, musste die Zeit entweder noch weiter zurückversetzt werden oder die Berechnungen sollten mit dem Ende der Eiszeit beginnen.

Voraussichtliche Dauer. — Lyell hat versucht, die Dauer der Eiszeit abzuschätzen, indem er „die einfachste Reihe von Veränderungen in der physischen Geographie betrachtet, die möglicherweise die Phänomene der Eiszeit erklären können", und zählt Folgendes auf:

„Erstens eine kontinentale Periode, gegen deren Ende der Wald von Cromer blühte; als das Land mindestens fünfhundert Fuß über seinem heutigen Niveau lag, vielleicht viel höher, und seine Ausdehnung wahrscheinlich größer war als die auf der Karte angegebene, Abb. 41." (Auf dieser Karte sind die gesamten britischen Inseln miteinander und mit dem Kontinent verbunden – der Deutsche Ozean und der Ärmelkanal bilden Festland).

„Zweitens eine Periode der Überschwemmung, durch die das Land nördlich der Themse und des Bristol-Kanals sowie das Irlands nach und nach zu einem Archipel reduziert wurde und schließlich zu einer allgemeinen Vorherrschaft des Meeres, wie auf der Karte, Abb. 39, zu sehen ist ." (Diese Karte soll die Britischen Inseln darstellen, wie sie über Wasser erschienen, als Schottland bis zu 600 Meter und andere Teile der Inseln bis zu 600 Meter unter Wasser standen.) „Dies war die Zeit des Untertauchens und des schwimmenden Eises, als …" Die skandinavische Flora, die während der ersten Kontinentalperiode die unteren Gebiete besiedelte, dürfte den ausschließlichen Besitz der einzigen Gebiete erlangt haben, die nicht mit ewigem Schnee bedeckt waren.

„Drittens eine zweite kontinentale Periode, in der der Grund des Gletschermeeres mit seinen Meeresmuscheln und Findlingen trockengelegt wurde und die Landmenge der der ersten Periode entsprach … Während dieser Periode gab es Gletscher in den höheren Bergen Schottlands und Wales....

„Das Untertauchen von Wales in einem Ausmaß von 1.400 Fuß würde, wie durch Gletscherschalen bewiesen, 56.000 Jahre erfordern, bei einer Geschwindigkeit von 2,5 Fuß pro Jahrhundert; wenn man jedoch Professor Ramsays Schätzung von 800 Fuß annimmt Da diese Senke außerdem für die Ablagerung eines Teils der geschichteten Gebirgsschicht erforderlich ist, müssen wir einen zusätzlichen Zeitraum von 32.000 Jahren, also insgesamt 88.000 Jahren, fordern; und die gleiche Zeit würde für die Freilegung des Gesteins erforderlich sein Wenn sich das Land jedoch in der zweiten Kontinentalperiode nicht mehr als sechshundert über das gegenwärtige Niveau erhob ... hätte dies ... weitere sechsundzwanzigtausend Jahre gedauert; die gesamte große Oszillation umfasste Das Untertauchen und

Wiederauftauchen dauerte in runden Zahlen zweihundertvierundzwanzigtausend Jahre bis zu seiner Vollendung; und dies, selbst wenn es keine Pause oder stationäre Periode gab, als die Abwärtsbewegung aufhörte und bevor sie in eine umgewandelt wurde eins nach oben." [9]

Lyell gibt zu, dass die durchschnittliche Bewegungsgeschwindigkeit von zweieinhalb Fuß pro Jahrhundert rein willkürlich und mutmaßlich ist und dass es Fälle gibt, in denen die Änderung sogar sechs Fuß pro Jahrhundert beträgt, die durchschnittliche Bewegungsgeschwindigkeit jedoch seiner Meinung nach diesen Wert nicht überschreiten wird oben vorgeschlagen. Lubbock glaubt, dass die meisten Geologen dieser Meinung zustimmen werden. [10]

Durch die bereits gegebenen Schätzungen wird eine Grundlage geschaffen, auf der eine Berechnung über den Zeitpunkt des Beginns dieser Epoche erfolgen kann. Zur Zeit der stärksten Kälte betrug die Exzentrizität der Erdumlaufbahn 0,0575; der Unterschied in Millionen Meilen zwischen der größten und der kleinsten Entfernung der Erde von der Sonne 10½; die Anzahl der Tage, an denen der Winter im Aphel länger war als der Sommer im Perihel: 27,8; die mittlere Temperatur des heißesten Sommermonats in der Breite von London, wenn der Sommer im Perihel eintritt, 113°; die mittlere Temperatur des kältesten Wintermonats in der Breite von London, wenn der Winter im Aphel eintritt, 0° 7'. Sechzigtausend Jahre später betrug die Exzentrizität der Erdumlaufbahn nur noch 0,0332; der Entfernungsunterschied in Millionen Meilen betrug 6; Anzahl der Wintertage im Übermaß: 16,1; Mittelwert des heißesten Monats auf der Breite von London, 95°, und Mittelwert des kältesten Monats 12°. Es ist also offensichtlich, dass zu dieser Zeit (vor einhundertfünfzigtausend Jahren) ein „großes Tauwetter" stattgefunden hatte und die Gletscher zurückgedrängt wurden, obwohl fünfzigtausend Jahre später wieder eine weniger starke Kälte einsetzte. Wenn man von dem extremen Kältepunkt an 30.000 Jahre für das „große Tauwetter" zulässt und dieser extreme Punkt vor zweihundertzehntausend Jahren liegt, dann waren die Gletscher vor einhundertachtzigtausend Jahren so aufgebrochen wie damit an vielen Orten Vegetation entstehen kann und die wilden Tiere ihre Herrschaft teilweise wieder behaupten können. Rechnet man dazu noch die Zeit hinzu, die für die Dauer der Eiszeit erforderlich war (zweihundertvierundzwanzigtausend Jahre), dann lag die Zeit, in der sich das Eis anzusammeln begann, vor vierhundertviertausend Jahren. Aber wenn die Tabellen von Herrn Croll korrekt sind, kann ihr Beginn nicht früher als vor dreihundertfünfzigtausend Jahren liegen, da sich die Exzentrizität der Erdumlaufbahn nur wenig von der Gegenwart und vor fünfhundertfünfzigtausend Jahren unterschied war fast identisch mit dem der Gegenwart. [11]

Während der letzten Stadien dieses Ozeans aus Eis muss es sehr schnell geschmolzen sein, [12] denn es bildeten sich große Flüsse, und das Wasser, das sein eisiges Bett hinabfloss, suchte nach anderen Bächen und fegte am Schoß der Erde lose Sedimente weg und lagerte sich ab Es entlang von Flussläufen und in Erdhöhlen und bedeckte die Überreste von Menschen und Tieren, die während des langen Winters im Eis umkamen.

ABB. 2.
STROM, DER AUS EINEM GLETSCHER AUSTRITT.

Beweise für die Existenz des Menschen. —Die Spuren des Menschen in den Ablagerungen der Eiszeit sind zahlreich. Von den vielen werden die bekanntesten in chronologischer Reihenfolge aufgeführt.

Aller Wahrscheinlichkeit nach sind die allerältesten Geräte des Posttertiärs und folglich des Beginns der Eiszeit, wenn nicht gar des Pliozäns , diejenigen, die im Süden von Hampshire zwischen Gosport und Southampton gefunden wurden. Sie stammen aus einer tafelförmigen Geschiebemasse, die die Tertiärschichten bedeckt. „Das große Kiesbett, das auf eozänen Tertiärschichten ruht, in denen diese Geräte gefunden wurden, besteht an den meisten Stellen aus halbgerollten oder halbeckigen Kreidefeuersteinen, gemischt mit runden Kieselsteinen, die aus den Tertiärschichten ausgewaschen wurden … Viele." von ihnen weisen die gleichen Farben und ockerfarbenen Flecken auf wie die Feuersteine im Kies, in dem sie liegen.“

Westlich der Southampton-Mündung, „auf beiden Seiten der Öffnung bei Bournemouth, wurden im Kies, der die Klippen bedeckte, Feuersteinwerkzeuge des antiken Typs gefunden. Der Kies, aus dem das Feuersteinwerkzeug in Bournemouth entnommen wurde, liegt etwa 30 Meter darüber der Meeresspiegel.... Der Kies besteht zu einem großen Teil aus Kieselsteinen, die aus tertiären Schichten stammen.“

Das ovale Feuersteingerät, das im Kies oben auf der Klippe des Foreland entdeckt wurde, „ist vom echten paläolithischen Typ, und der Kies, in den es in einer Höhe von etwa achtzig Fuß über dem Meeresspiegel eingebettet ist, reichte möglicherweise einst bis zum Meeresspiegel Klippen in der Nähe von Gosport ; in diesem Fall müssten wir schließen, dass der Kanal namens Solent noch nicht ausgehöhlt worden war, als diese Region von paläolithischen Menschen bewohnt wurde.“ [13]

Daraus lässt sich mit Sicherheit schließen, dass die Geräte in den oben genannten drei Aufzählungen etwa zur gleichen Zeit eingebaut wurden.

Die Feuersteingeräte aus dem Somme-Tal, die von großem Interesse waren und so viele skeptische Geologen überzeugten, gehören zur Frühphase dieser Epoche. Dieses Tal kann durch Abb. 3 dargestellt werden.

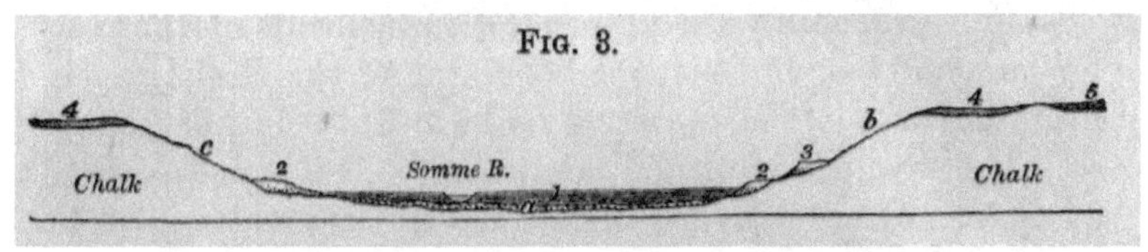

ABB. 3.
ABSCHNITT ÜBER DIE SOMME IN DER PICARDIE.

1. Torf, zwanzig bis dreißig Fuß dick, auf Kies ruhend, *ein* .
2. Kies der unteren Ebene mit Elefantenknochen und Feuersteinwerkzeugen, bedeckt mit fließfähigem Lehm, 20 bis 40 Fuß dick.
3. Kies der oberen Ebene mit ähnlichen Fossilien und darüberliegendem Lehm. Insgesamt zehn Meter dick.
4. Hochlandlehm ohne Schalen, fünf bis sechs Fuß dick.5. Eozäne Tertiärschichten, die fleckenweise auf der Kreide ruhen.

Zur Erläuterung des oben Gesagten mag es angebracht sein, darauf hinzuweisen, dass Nr. 2 die tiefer gelegenen Kiesschichten angibt und Nr. 3 die höher gelegenen Kiesschichten, die 80 bis 100 Fuß über dem Fluss liegen. Aus einem späteren Zeitpunkt als diese stammt der Torf Nr. 1, der zehn bis dreißig Fuß dick ist. Unter dem Torf befindet sich *ein* drei bis vierzehn Fuß dickes Kiesbett , das auf ungestörtem Kalk ruht. Doch zwischen dem Kies und dem Torf liegt eine dünne Schicht undurchlässigen Lehms. Dieser Abschnitt des Somme-Tals ist eine ziemlich gute Darstellung der Anordnung der verschiedenen Flussbetten in Abbeville, Amiens und St. Acheul .

In diesen Schichten befinden sich die Aufzeichnungen zweier Driftperioden, die mit 2 und 3 gekennzeichnet sind. Die beiden sind durch eine Schicht aus Süßwasserablagerungen getrennt, die Flussmuscheln enthält und manchmal bis zu 16 Fuß dick ist. Das untere oder graue Diluvium (Nr. 2) markiert die Eiszeit und unterscheidet sich von den Gletschern der Rentierzeit. Im unteren Kies, der unmittelbar auf der Tertiärformation lag, wurden die Feuersteinbeile zusammen mit den Knochen des Mammuts und fossilen Nashörnern gefunden.

Um die Einlagen noch besser zu verstehen, wird die folgende Abbildung angegeben.

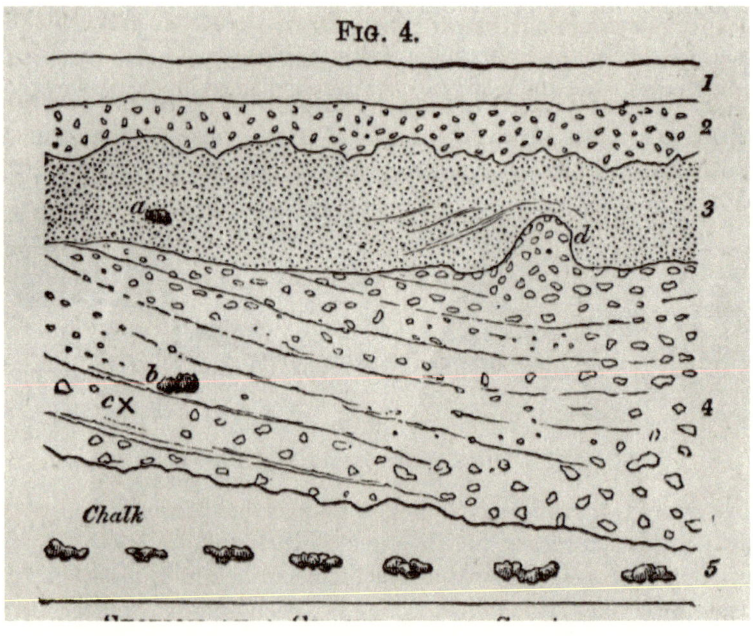

ABB. 4.
ABSCHNITT EINER KIESGRUBE IN ST. ACHEUL .

1. Pflanzlicher und hergestellter Boden mit einer Dicke von zwei bis drei Fuß.

2. Brauner Lehm mit einer Dicke von vier bis fünf Fuß, der einige kantige Feuersteine enthält.

3. Bett aus sandigem Mergel mit einer Dicke von fünf bis sechs Fuß, mit Land- und Süßwasserschalen, bedeckt mit einer dünnen Schicht aus eckigem Kies mit einer Dicke von einem bis zwei Fuß.

4. Ein Bett aus teilweise abgerundetem Kies, das gut gerollte tertiäre Kieselsteine enthält. In diesem Bett findet man hauptsächlich Feuersteingeräte mit einer Dicke von zehn bis vierzehn Fuß.

5.   Bildung   von   Kreide.
    A. Teil des Backenzahns eines Elefanten, elf Fuß von der Oberfläche entfernt.
    B. Vollständiger Backenzahn eines Mammuts (*E primigenius*), siebzehn Fuß   von   der   Oberfläche   entfernt.
    C. Position des Feuersteinbeils, 18 Fuß von der Oberfläche entfernt.
    D. Fünf Fuß hoher Kies.

In St. Acheul wurden im Bett Nr. 4 große Mengen Feuersteingeräte gefunden. Einige von ihnen haben die Form einer Speerspitze und sind über sieben Zoll lang. Die ovalen Beile sind in manchen Fällen so unhöflich, dass es ein geübtes Auge erfordert, ihren menschlichen Ursprung zu erkennen. Im selben Bett finden sich kleine runde Körper mit einem röhrenförmigen Hohlraum in der Mitte . Dr. Rigollot hat vorgeschlagen, dass diese perforierten Steine oder Kies als Schmuck verwendet wurden, möglicherweise als Perlen aneinandergereiht.

In diesem Bett Nr. 4, siebzehn Fuß über der Oberfläche, wurde der Zahn eines Mammuts gefunden. Etwa einen Fuß unterhalb des Zahns wurde in dicht verdichtetem Kies ein ovales Steinbeil gefunden.

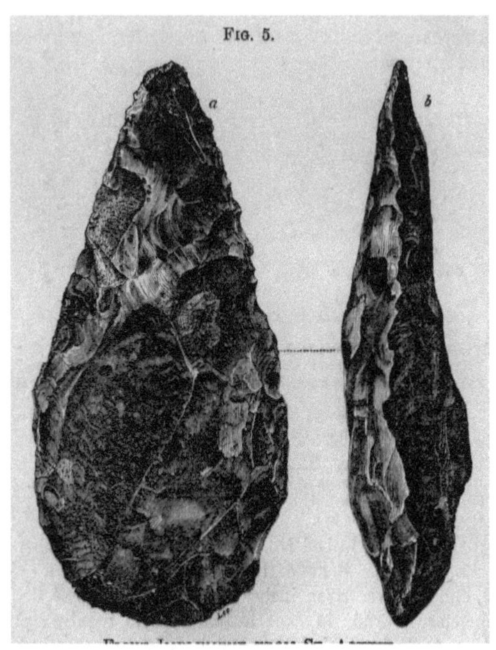

ABB. 5.
FEUERSTEINGERÄT AUS ST. ACHEUL .

Halb so groß wie das Original, das siebeneinhalb Zoll lang ist.
A.　　　　　　　　Seitenansicht.

B. Das Gleiche von der Kante gesehen.

„Diese speerspitzenförmigen Geräte wurden in größerer Zahl, proportional zu den ovalen, im oberen Kiesbett von St. Acheul gefunden als in irgendeinem der unteren Kiesbetten im Somme-Tal. Bei letzteren die ovale Form." vorherrscht, besonders in Abbeville." – *Antiquity of Man* , S. 114.

Dass dieses Bett durch die Wirkung von Gletschern gebildet wurde , zeigt sich nicht nur aus den wohlgerundeten tertiären Kieselsteinen, sondern auch aus den großen Blöcken aus hartem Sandstein, von denen einige einen Durchmesser von über vier Fuß haben. Diese großen Fragmente sind nicht nur in St. Acheul sowohl in den höher als auch tiefer gelegenen Kiesschichten von Amiens und auf der höheren Ebene in Abbeville reichlich vorhanden, sondern sie sind auch weit oben im Tal zu finden, wo immer das alte Diluvium vorkommt. Alle diese Sandsteine stammen aus den Tertiärschichten, die einst die Kreide bedeckten.

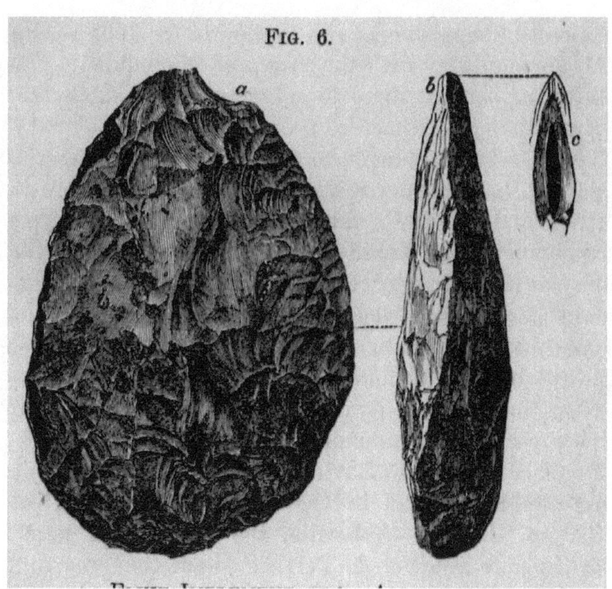

ABB. 6.
FEUERSTEINGERÄT VON ABBEVILLE.

A. Ovales Feuersteinbeil aus Mautort bei Abbeville, halb so groß wie das Original, fünfeinhalb Zoll lang, aus einem Kiesbett unter der fluvio-marinen Schicht.

B. Das Gleiche von der Kante gesehen.

C. Zeigt einen kürzlichen Bruch der Kante desselben am Punkt *a* oder nahe der Spitze. Dieser Teil des Werkzeugs, *c* , ist in natürlicher Größe gezeichnet, wobei der schwarze Mittelteil der unveränderte Feuerstein ist, die weiße äußere Beschichtung die Schicht, die durch Verfärbung oder Bleichung seit der ersten Herstellung des Werkzeugs entstanden ist.

Die gesamte Oberfläche von Abbildung 6 muss beim ersten Formen schwarz gewesen sein, und das Ausbleichen bis zu dieser Tiefe muss das Werk der Zeit gewesen sein, sei es durch Einwirkung von Sonne und Luft vor dem Einbetten oder danach, als es tief darin lag der Boden. – *Antike des Menschen.*

Da die Feuersteingeräte von Abbeville und Amiens die gleichen sind wie die von St. Acheul und aus denselben Lagerstätten stammen, gilt für sie das bereits Gesagte. Diese Geräte wurden an diesen Orten in großer Zahl gefunden, wie mehrere Tausend bereits aus den Beeten entnommene Exemplare bezeugen.

Aus der Kiesgrube, in der die Feuersteinäxte in Abbeville und in der Nähe der alten Kreide gefunden wurden, wurde der berühmte menschliche Knochen entnommen, der als *Kiefer* von Moulin- Quignon bekannt ist . Es war zeitgleich mit den Äxten, und zweifellos wurden einige der dort gefundenen Feuersteingeräte von dem Mann angefertigt, dessen Kiefer ein so wichtiger Teil war.

Dieser Kieferknochen gehörte einem alten Mann und es wird beschrieben, dass er „eine Tendenz zur tierischen Struktur in der Kürze und Breite des aufsteigenden Ramus (dem senkrechten Teil des Unterkiefers), der gleichen Höhe der beiden Apophysen (a Fortsatz oder regelmäßiger Vorsprung, der einen kontinuierlichen Teil des Knochenkörpers bildet), ein Hinweis auf Prognathie (vorstehender Kiefer), der durch den sehr stumpfen Winkel entsteht, in dem der Ramus mit dem Knochenkörper verbunden ist. [14]

In der Nähe desselben Ortes wurden weitere menschliche Knochen entdeckt, die die gleichen Merkmale aufwiesen.

Nachdem Boucher de Perthes darauf hingewiesen hatte, dass im Seine-Tal in ähnlichen Schichten wie in Abbeville Feuersteingeräte gefunden werden konnten, wurden die Antiquare bald belohnt und Boucher de Perthes' Vorhersage erfüllte sich. M. Gosse aus Genf fand Geräte vom Abbeville-Typ in den untersten Sedimentablagerungen, die mit den Überresten von Tieren dieser Zeit in Verbindung gebracht wurden.

Die Entdeckung von Casiano de Prado in der Nähe von Madrid ist denen von Abbeville sehr ähnlich. „Zuerst pflanzlicher Boden; dann etwa 25 Fuß Sand und Kieselsteine, unter denen sich eine Schicht sandigen Lehms befand, in der im Jahr 1850 ein vollständiges Skelett des Mammuts entdeckt wurde. Unter dieser Schicht befanden sich etwa zehn Fuß." aus grobem Kies, in dem einige Feuersteinäxte entdeckt wurden, die denen von Amiens sehr ähnlich sind. [15]

Die Überreste des Menschen werden auch in Höhlen aufbewahrt, die mit den fossilen Knochen des Mammuts, des Wollhaarnashorns, des Höhlenbären und anderer ausgestorbener Vierbeiner in Verbindung stehen. Unter diesen sollte Kent's Hole erwähnt werden, das eine Mine des Reichtums darstellt. Über seine Entdeckungen sagt Godwin-Austen: „Menschliche Überreste und Kunstwerke, wie Pfeilspitzen und Messer aus Feuerstein, kommen in allen Teilen der Höhle und in der gesamten Dicke des Tons vor; und keine Unterscheidung, die auf dem Zustand beruht, Verteilung oder relative Position kann beobachtet werden, wodurch der Mensch von den anderen Reliquien getrennt werden kann , zu denen Knochen des Mammuts (*E. primigenius*), des Nashorns (*R. tichorrhinus*), des Höhlenbären (*Ursus spelæus*) und des Höhlenbären gehörten. Hyäne (*H. spelæus*) und andere Säugetiere . Diese Forschungen wurden in Teilen der

Höhle durchgeführt, die nie gestört worden waren, und die Werke des Menschen wurden in jedem Fall aus ungestörtem Lehm oder Ton unter einer dicken Stalagmitdecke gewonnen; und all dies muss eingeführt worden sein, bevor der Stalagmitenboden gebildet wurde. [16] Diese Exemplare menschlicher Handwerkskunst wurden weit unter dem Stalagmitenboden gefunden. [17] Eng mit Kent's Hole verbunden ist die Brixham Cave. Im Folgenden wird die allgemeine Abfolge der Ablagerungen angegeben, die den Inhalt der Höhle bilden:

1. Eine Stalagmitenschicht mit einer Dicke von 2,5 bis 15 Zoll.

2. Weiter unten ockerfarbene Höhlenerde mit einer Dicke von einem Fuß bis fünfzehn Fuß.

3. Runder Kies, an manchen Stellen mehr als 20 Fuß tief.

In der zweiten Schicht wurden Überreste von Mammuts, Nashörnern, Höhlenbären, Höhlenhyänen, Höhlenlöwen, Rentieren und sieben weiteren Arten gefunden. Wahllos mit diesen Knochen vermischt wurden viele Feuersteinmesser gefunden, hauptsächlich jedoch aus dem untersten Teil der ockerfarbenen Höhlenerde, deren Tiefe zwischen zehn Zoll und dreizehn Fuß variierte. An deren Alter kann nicht gezweifelt werden, schon allein aufgrund der einfachen Tatsache, dass in unmittelbarer Nähe eines sehr perfekten Feuersteinwerkzeugs das gesamte linke Hinterbein eines Höhlenbären und jeder Knochen in seiner natürlichen Position entdeckt wurde, auch wenn es kein anderes gab . Aus der Knochenerde wurden fünfzehn Messer entnommen, von denen die erfahrenen Antiquare erkannten, dass sie künstlich geformt waren. Im untersten Kies darunter wurden unvollkommene Exemplare von Feuersteinmessern gefunden. Die feine Schlammschicht wurde durch die langsame, aber regelmäßige Einwirkung von Wasser abgelagert. Seitdem sich diese Schichten gebildet haben, hat der Bach seinen Kanal 23 Meter unter seinem früheren Niveau eingeschnitten. [18]

An beiden Ufern der Maas, bei Maestricht (Hollerd), gibt es mit Löss bedeckte Kiesterrassen. Unterhalb der Stadt, am linken Ufer, ragt eine dieser Terrassen in die Schwemmebene der Maas hinein. Beim Bau des Kanals wurde die Terrasse bis zu einer Tiefe von 60 Fuß geöffnet. Die oberen zwanzig Fuß bestanden aus Löss und die unteren zwölf Fuß aus geschichtetem Kies. In oder in der Nähe dieses Kieses wurden zahlreiche Backenzähne, Stoßzähne und Knochen von Elefanten sowie von anderen Säugetieren und ein menschlicher Unterkiefer mit Zähnen gefunden. Der menschliche Kiefer befand sich in einer Tiefe von 19 Fuß über der Oberfläche in einer Schicht sandigen Lehms, unter einer Schicht kiesiger und sandiger Schichten und unmittelbar über dem Kies. Die Schicht, aus der der Kiefer entnommen wurde, war intakt und wurde nie gestört. Aber der Kiefer war etwas isoliert, und das nächste Fossil war der Stoßzahn eines sechs Meter entfernten Elefanten, allerdings auf einer horizontalen Ebene. Dieses Fossil ist wahrscheinlich älter als das in Lahr entdeckte. Es war wahrscheinlich kurz vor dem Schwall des Wassers bedeckt, als es zum ersten Mal aus den Schluchten zu fließen begann, und hatte den Boden in einiger Entfernung vom Eis gewaschen. [19]

Das menschliche Skelett aus dem ungestörten Löss des Rheins bei Lahr wurde in nahezu horizontaler Lage gefunden, allerdings in einer Weise, die den Gedanken an eine Grabstätte verbietet . Diese Knochen wurden von einer etwa fünf Fuß hohen senkrechten Klippe aus festem Löss exhumiert. Die Stadt Lahr liegt vier Meilen vom Rhein entfernt und etwa dreißig Meter über dem Rhein, unweit des Seitentals, das von der Schutter durchflossen wird , die aus dem Schwarzwald fließt.

In der Schwemmebene, in die die Schutter mündet, ist der Löss 60 Meter dick. Der Löss erhebt sich achtzig Fuß über die Schutter . Bei Lahr wurde es entblößt, so dass am rechten Ufer eine Reihe von Terrassen entstand. Aus der untersten davon wurde das Skelett entnommen. Unmittelbar unter diesem Bett befanden sich Kieselsteine, und noch weiter unten befand sich ein Kiesbett mit runden Steinen aus Sandstein und Gneis aus dem Schwarzwald.

Mit dieser Entdeckung sind mehrere interessante Fakten verbunden. M. Boué ist der Ansicht, dass der Löss der Lahr mit dem des Rheins übereinstimmt und dass sich vor der Entblößung des Lösses nicht weniger als achtzig Fuß lehmige Ablagerung über dem menschlichen Skelett befand. Die Gletscher hatten ihre großen Kiesbetten abgelagert und begannen zu schmelzen. Beim Schmelzen war eine Mischung aus Lehm und Kies entstanden. Als dann die Ströme aus den Gletschern strömten, bildete sich Lehm ohne Kieselsteine. Der unglückliche Mann, dessen Überreste gefunden wurden, wurde während des ersten Teils des Verlaufs der heftigen Ströme, die aus dem Eisfeld hervorströmten, weit unter der Oberfläche begraben. Die Gletscher befanden sich damals auf dem Rückzug, und der unvorsichtige Mann fiel vermutlich bei der Verfolgung zum Opfer. [20]

Die Höhle von La Naulette , Belgien, lieferte einen Kieferknochen ähnlich dem von Moulin- Quignon . Der Knochen stammte aus einer Flussablagerung aus Lehm, die mit einer Stalagmitschicht bedeckt war und sich in einer Tiefe von dreizehn Fuß unter der Oberfläche befand. Damit verbunden waren die Überreste des Mammuts, des Wollhaarnashorns und Feuersteingeräte. Diese Geräte weisen den gleichen Typ auf wie die von St. Acheul . Mit diesem Kiefer wurden auch ein menschlicher Elle, zwei menschliche Zähne und ein Fragment eines bearbeiteten Rentiergeborenen gefunden. Dieser Kieferknochen ist sehr dick, rund und der Vorsprung des

Kinns fehlt fast vollständig. Das Kinn soll eine Zwischenstellung zwischen dem Kinn der Tiere und dem der heutigen Menschenrasse einnehmen. Die Hohlräume zur Aufnahme der Eckzähne sind sehr breit, und eines der bemerkenswertesten Dinge ist, dass die drei Backenzähne umgekehrt sind, das heißt, der erste echte Backenzahn ist der kleinste und der letzte der größte. Die Innenfläche des Kiefers bildet an der Naht- oder Symphysenstelle eine schräg nach oben gerichtete Linie. Alles in allem ist der Kiefer der affenähnlichste menschliche Kiefer, der je entdeckt wurde. [21]

Die Feuersteingeräte aus Hoxne wurden unter drei verschiedenen Schichten oder Schichten gefunden. Der erste, pflanzlich, anderthalb Fuß tief. Der zweite bestand aus Lehm mit einer Dicke von siebeneinhalb Fuß. Das dritte ist ein Sandbett mit bis zu einem Fuß dicken Muscheln. Die vierte Schicht, die die Geräte enthielt, war ein zwei Fuß tiefes Kiesbett. Die Menge dieser Feuersteine war so groß, dass sie in Körben voll davongetragen und in die Furchen der angrenzenden Straße geworfen wurden. Aufgrund der großen Anzahl könnte dieser Ort der Ort gewesen sein, an dem sie hergestellt wurden. Ihr Datum ist zwar nicht zeitgleich mit dem des Bowldertons, gehört aber zweifellos zur letzten Zeit dieser Epoche.

Bei den menschlichen Knochen, die im Löss des Rheins bei Colmar gefunden wurden, handelte es sich um zwei versteinerte Schädelfragmente. Sie wurden zusammen mit den fossilen Knochen der ausgestorbenen Mammut-, Pferde-, Riesenhirsche-, Auerochsen- und anderen Säugetierarten in ungestörtem Boden gefunden . Das Schädelfragment „wies eine gesenkte Stirn, stark hervorstehende Augenbrauenbögen und einen Typus auf, der sich im Großen und Ganzen der sogenannten *dolichocephalen* oder langköpfigen Form näherte." [22] Diese Überreste datieren so kurz vor dem Ende der Eiszeit, dass sie fast in die Zwischeneiszeit übergehen.

KAPITEL III.

GLAZIALEPOCHE – FORTSETZUNG.

Belgische Höhlen. — Die von Dr. Schmerling in den belgischen Höhlen entdeckten Reliquien müssen auf die Zeit des Gletscherrückgangs zurückgeführt werden. Die Gletscher existierten noch, aber ihr Rückzug hatte riesige Landstriche freigelegt, und der Raum, den sie jetzt bedeckten, war im Verhältnis zu ihrer früheren Ausdehnung klein. Ob man bedenkt oder nicht, dass die Vegetation sich stark nährte und die großen wilden Tiere sich schnell vermehrten, eines muss man beachten, nämlich, dass Überschwemmungen auf den Rückzug des Eises folgten oder unmittelbar darauf folgten. Viele Überreste, die sich auf die Eiszeit beziehen, könnten in Wirklichkeit aus der Zeit der Überschwemmungen stammen, die unmittelbar vor Beginn der Zwischeneiszeit auftraten.

Die belgischen Höhlen in der Nähe von Lüttich gehören entweder genau zum Eis oder stammen aus einer nicht weit entfernten Zeit. Lyell betrachtet die älteren Denkmäler aus der Altsteinzeit als grobe Geräte, die im alten Flusskies sowie in den Schlamm- und Stalagmitenhöhlen gefunden wurden. [23] Höhlen dieser Beschreibung stammen von Dr. Schmerling.

Die Höhlen der Provinz Lüttich waren keine Höhlen wilder Tiere, sondern ihr Inhalt war durch die Einwirkung von Wasser hineingeschwemmt worden. Die Knochen des Menschen „waren von der gleichen Farbe und im gleichen Zustand hinsichtlich der Menge der darin enthaltenen tierischen Materie wie die der begleitenden Tiere, darunter einige wie Höhlenbären, Hyänen, Elefanten und Nashörner waren ausgestorben; andere, wie die Wildkatze, der Biber, das Wildschwein, das Reh, der Wolf und der Igel, existierten noch. Die Fossilien waren leichter als frische Knochen, außer solchen, deren Poren mit Kalkkarbonat gefüllt waren In diesem Fall waren sie oft viel schwerer. Die am häufigsten vorkommenden menschlichen Überreste waren vom Kiefer gelöste Zähne sowie die vom Rest des Skeletts getrennten Handwurzel-, Mittelhand-, Fußwurzel-, Mittelfußknochen und Phalangialknochen . Die entsprechenden Knochen der Höhle Bären, die am häufigsten vorkommenden Säugetiere , wurden auch in den Lütticher Höhlen häufiger als alle anderen und in der gleichen verstreuten Verfassung gefunden . [24] In einigen dieser Höhlen wurden grobe dreieckige Feuersteingeräte gefunden, die im Höhlenschlamm verstreut waren. Dr. Schmerling schenkte diesen kaum Beachtung, da er in seine osteologischen Untersuchungen vertieft war. Die menschlichen Knochen wurden in allen Tiefen gefunden, im Höhlenschlamm und im Kies, sowohl über als auch unter denen der ausgestorbenen Säugetiere .

Die Böden dieser Höhlen waren mit Stalagmiten verkrustet. [25] In der Höhle von Chokier gibt es „drei verschiedene Stalagmitbetten und zwischen jedem von ihnen eine Masse aus Brekzien und mit Quarzkieseln vermischtem Schlamm und in den drei Ablagerungen die Knochen ausgestorbener Vierbeiner." [26]

FOSSILER SCHÄDEL DER ENGIS-HÖHLE IN DER NÄHE VON LÜTTICH.

Der fossile Schädel aus der Höhle von Engis wurde in einer Tiefe von etwa fünf Fuß unter einer knöchernen Brekzie abgelagert, die einen Stoßzahn des Nashorns, die Zähne des Pferdes und die Überreste kleiner Tiere enthielt. Die Brekzie war etwa dreieinhalb Fuß breit und erhob sich bis zu einer Höhe von etwa fünf Fuß über dem Boden der Höhle. In der Erde, die den Schädel enthielt, wurden die Zähne von Nashörnern, Pferden, Hyänen und Bären gefunden, die ihn von allen Seiten umgaben, ohne dass Spuren der Erde zerstört worden waren.

Im Boden der Höhle wurde neben einem Elefantenzahn auch der Schädel eines jungen Menschen gefunden. Bei der ersten Beobachtung war der Schädel ganz, zerfiel jedoch, als er aus seiner Position entfernt wurde. Daneben wurde ein Fragment eines oberen Oberkieferknochens gefunden, dessen Backenzähne bis zu den Wurzeln abgenutzt waren, was auf die eines alten Mannes hindeutet; zwei Wirbel , ein erster und ein letzter Rücken; ein Schlüsselbein auf der linken Seite, das einem jungen Individuum von großer Statur gehört; zwei Fragmente des Radius, die auf einen Mann von normaler Größe hinweisen; ein Fragment einer Elle: einige Mittelhandknochen; sechs Mittelfußknochen, drei Fingerglieder der Hand und eines des Fußes .

Dr. Schmerling fand in dieser Höhle ein spitzes Knochengerät, das mit Stalagmiten überzogen und mit einem Stein verbunden war.

Über den Engis- Schädel hat Professor Huxley bemerkt: „Wie Professor Schmerling beobachtet, ist die Basis des Schädels zerstört und die Gesichtsknochen fehlen völlig; aber das Dach des Schädels, bestehend aus Stirn- und Scheitelknochen und dem größten Teil davon Die Hinterhauptsbeine sind bis zur Mitte des Foramen occipitalis ganz oder fast vollständig. Das linke Schläfenbein fehlt. Vom rechten Schläfenbein die Teile in unmittelbarer Nähe des Foramen auditorye, des Processus mastoideus und a Ein beträchtlicher Teil des Plattenepithelkarzinoms des Schläfenbeins ist gut erhalten.

Ein Stück des Hinterhauptbeins, das Schmerling offenbar übersehen hatte, wurde inzwischen von Dr. Spring, dem erfahrenen Anatom aus Lüttich , an den Rest des Schädels angepasst .

„Der Schädel ist der eines Erwachsenen, wenn nicht sogar eines Mannes mittleren Alters. Die äußerste Länge des Schädels beträgt 7,7 Zoll. Seine äußerste Breite, die fast dem Abstand zwischen den Scheitelvorsprüngen entspricht, beträgt nicht mehr als 5,4 Zoll Das Verhältnis der Länge zur Breite beträgt daher nahezu 100 zu 70. Wenn eine Linie von dem Punkt gezogen wird, an dem sich die Braue zur Nasenwurzel hin krümmt und der als „Glabella" bezeichnet wird (*a* , Abb. 8) bis zum Hinterhauptsvorsprung (*d*) und misst man den Abstand zum höchsten Punkt des Schädelbogens senkrecht von dieser Linie, beträgt er 4,75 Zoll. Von oben betrachtet zeigt die Stirn eine gleichmäßige Rundung Kurve und geht in die Kontur der Seiten und der Rückseite des Schädels über, die eine einigermaßen regelmäßige elliptische Kurve beschreibt.

ABB. 7.
PROFESSOR TH HUXLEY.

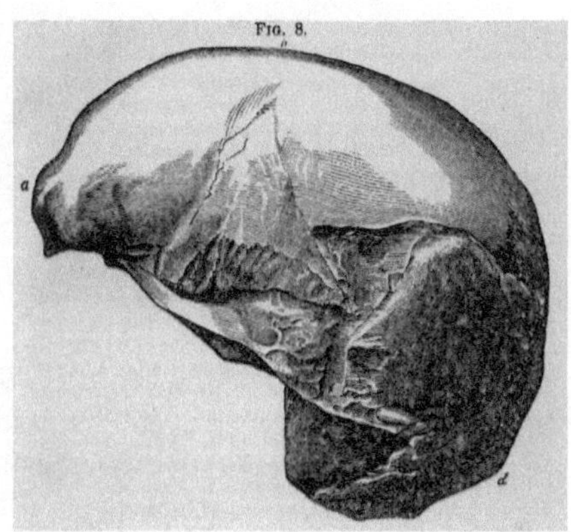

ABB. 8.

SEITENANSICHT DES MENSCHLICHEN SCHÄDELS, DER IN DER HÖHLE VON ENGIS GEFUNDEN WURDE .

A. Augenbrauenleiste und Glabella.

B. Koronale Naht.

D. Der Hinterhauptsvorsprung.

„Die Vorderansicht zeigt, dass das Schädeldach in Querrichtung sehr regelmäßig und elegant gewölbt war und dass der Querdurchmesser unterhalb der Scheitelvorsprünge etwas geringer war als oberhalb. Die Stirn kann im Verhältnis dazu nicht als schmal bezeichnet werden Rest des Schädels, noch kann man von einer zurückweichenden Stirn sprechen; im Gegenteil ist die antero-posteriore Kontur des Schädels gut gewölbt, so dass der Abstand entlang dieser Kontur, von der Nasenhöhle bis zum Hinterhauptsvorsprung, etwa 13,75 beträgt Zoll. Der Querbogen des Schädels, gemessen von einem Gehörgang zum anderen, über die Mitte der Sagittalnaht, beträgt etwa 13 Zoll. Die Sagittalnaht selbst ist 5,5 Zoll lang. Die Augenbrauenvorsprünge oder Stirnwülste (*a*) sind gut, aber nicht übermäßig entwickelt und werden durch eine mittlere Vertiefung getrennt. Ihre Haupterhebung ist so schräg angeordnet, dass ich vermute, dass sie auf große Stirnhöhlen zurückzuführen sind. Wenn eine Linie, die die Glabella und den Hinterhauptsvorsprung verbindet (*a* , *d* , Abb. 8) horizontal gemacht werden, kein Teil der Hinterhauptsregion ragt mehr als einen Zehntel Zoll hinter das hintere Ende dieser Linie hinaus, und der obere Rand des Foramen auditory steht fast in Kontakt mit einer parallel dazu gezogenen Linie dies auf der Außenfläche des Schädels." [27]

Einige der von Professor Huxley geäußerten Ansichten stehen im Widerspruch zu denen anderer bedeutender Wissenschaftler. Lubbock berichtet von ihm mit den Worten: „An keinem Teil seiner Struktur gibt es Anzeichen von Verfall. Es handelt sich tatsächlich um einen hübschen durchschnittlichen menschlichen Schädel, der einem Philosophen gehört

haben könnte oder das gedankenlose Gehirn eines Wilden enthalten hätte."
." [28] Herr Busk stimmt mit Professor Huxley überein und widerspricht teilweise dieser Meinung, denn er bemerkte gegenüber Lyell: „Obwohl die Stirn etwas schmal war, könnte sie dennoch mit den Schädeln von Individuen europäischer Rasse übereinstimmen." [29]

Dr. Schmerling, Buchner und Vogt treten gegen Huxley an. Im ersten heißt es: „Ich halte es für erwiesen, dass dieser Schädel einer Person mit eingeschränkten intellektuellen Fähigkeiten gehörte, und wir schließen daraus, dass er einem Mann mit einem niedrigen Zivilisationsgrad gehörte." [30] „Aufgrund der Schmalheit des vorderen Teils gehörte es zu einem Individuum mit geringer intellektueller Entwicklung." [31] Buchner sagt: „In seiner Länge und Schmalheit, der leichten Erhebung seiner Stirn, der Form der weit auseinander liegenden Augenhöhlen und den gut entwickelten supraorbitalen Bögen ähnelt es, besonders von oben betrachtet, dem berühmten Neandertaler-Schädel." aber im Allgemeinen ist es diesem in seiner Struktur weit überlegen." [32] Carl Vogt „betrachtet ihn im Hinblick auf das Verhältnis von Länge zu Breite als einen der ungünstigsten, tierähnlichsten und affenartigsten Schädel überhaupt." [33]

Der Grund für diese große Meinungsverschiedenheit könnte darin liegen, dass die Tatsache nicht beachtet wurde, dass der Typus umso niedriger ist, je älter die Formation ist, in der sich ein Schädel befindet. Der normale Beobachter würde, dem Abdruck des Schädels nach zu urteilen, daran nichts Affenartiges erkennen und mit Sicherheit keine Anzeichen eines Philosophen erkennen.

NEANDERTALER-SCHÄDEL.

Der Neandertaler-Schädel wurde aus einer kleinen Höhle oder Grotte im Tal der Düssel in der Nähe von Düsseldorf entnommen, etwa siebzig Meilen nordöstlich der Region der Lütticher Höhlen. Die Grotte liegt in einer tiefen Schlucht sechzig Fuß über dem Fluss, 100 Fuß unter der Landesoberfläche und etwa zehn Fuß vom Fluss Düssel entfernt . Vom Eingang (f) aus ist er fünfzehn Fuß tief und sieben bis acht Fuß breit. Bevor die Höhle beschädigt wurde, öffnete sie sich auf ein davor liegendes schmales Plateau. Der Boden der Höhle war vier bis fünf Fuß dick mit einer Ablagerung von Schlamm oder Lehm bedeckt und enthielt einige runde Hornsteinfragmente. Als zwei Arbeiter diese Ablagerung entfernten, bemerkten sie zuerst den Schädel, der in der Nähe des Eingangs platziert war, und trafen dann weiter auf die anderen Knochen. Da den Knochen zum Zeitpunkt ihrer Entdeckung keine Bedeutung beigemessen wurde, sind nur die größeren erhalten.

ABB. 9.
AUSSCHNITT DER NEANDERTALERHÖHLE.

A. Höhle sechzig Fuß über der Düssel und 100 Fuß unter der Oberfläche des Landes bei
ca.   *B*. Lehm bedeckt den Boden der Höhle, in deren Nähe das menschliche Skelett gefunden wurde.

c , *ein* . Miete, die die Höhle mit der oberen Oberfläche des Landes verbindet.

D. Oberflächlicher sandiger Lehm.

e. Devonischer Kalkstein.

F. Terrasse oder Felsvorsprung.

Es gibt einige Diskussionen über die geologische Zeit dieser Knochen. Es gab keinen Stalagmiten, der über dem Schlamm oder Lehm lag, in dem das Skelett gefunden wurde, und außer dem Stoßzahn eines Bären fand man keine anderen Knochen. Es liegen keine sicheren Daten vor, anhand derer seine Position bekannt sein könnte. Professor Huxley erklärt, dass die Knochen „ein sehr hohes Alter anzeigen". [34] Buchner ist in seiner Aussage sehr positiv und erklärt, dass „die Lehmablagerung, die teilweise die Höhlen des Neandertalers und die Spalten und Spalten seiner Kalksteinberge füllt und in der sich sowohl die Neandertalerknochen als auch die fossilen Knochen und Zähne befinden." von Tieren eingebettet waren, ist genau das Gleiche, das in den Höhlen des Neandertalers den gesamten Kalksteinberg mit einer zehn bis zwölf Fuß dicken Ablagerung bedeckt, deren diluvialer Ursprung unverkennbar ist. [35] Dr. Fuhlrott sagt: „Die Lage und die allgemeine Anordnung des Ortes, an dem sie gefunden wurden, legen meiner Meinung nach keinen Zweifel daran, dass die Knochen zum Diluvium und damit zur Urzeit gehören, *d* . *h*. Sie stammen aus einer Zeit, in der unser Heimatland noch von verschiedenen Tierarten bewohnt war, insbesondere von Mammuts und Höhlenbären, die aus der Reihe der Lebewesen längst verschwunden sind. [36]

Der diluviale oder glaziale Ursprung des Neandertaler-Schädels wird durch die im Sommer 1865 in der Teufelskammer gemachten Entdeckungen noch weiter bestätigt . Diese Höhle liegt einhundertdreißig Schritte von der Höhle entfernt, in der die menschlichen Knochen gefunden wurden, und auf derselben Seite des Flusses. In der Lehmablagerung dieser Höhle wurden zahlreiche fossile Knochen und Zähne des Nashorns gefunden -Bär, Höhlenhyäne und andere ausgestorbene Tiere. „Ein großer Teil dieser Knochen, insbesondere die der Höhlenbären, stimmen in Farbe, Gewicht, Dichte und der Erhaltung ihrer mikroskopischen Struktur mit den menschlichen Knochen überein, die in der Feldhofner -Höhle (in der der Neandertaler gefunden wurde) gefunden wurden. und beide sind mit den gleichen *Dendriten* oder baumartigen Markierungen bedeckt." [37]

Bevor mit der Beschreibung und Diskussion dieses bemerkenswerten Schädels begonnen wird, erfolgt eine Aufzählung der anderen Knochen. Alle Knochen zeichnen sich durch ihre ungewöhnliche Dicke und die große Entwicklung aller Erhebungen und Vertiefungen für den Muskelansatz aus. Die beiden Oberschenkelknochen waren in einwandfreiem Zustand, ebenso der rechte Oberarmknochen und die Speiche; das obere Drittel der rechten Elle; die linke Elle ist vollständig, wenn auch pathologisch deformiert, wobei der Processus coronoideus durch Knochenwachstum so stark vergrößert ist, dass eine Beugung des Ellenbogens über einen rechten Winkel hinaus unmöglich ist; Der linke Oberarmknochen ist viel schlanker als der rechte und das obere Drittel fehlt. Seine vordere Schädelgrube zur Aufnahme des Processus coronoideus ist mit einem knöchernen Wachstum ausgefüllt, gleichzeitig ist der Processus olecrani stark nach unten gebogen. Es gibt Hinweise darauf, dass eine zu Lebzeiten erlittene Verletzung die Ursache für diesen Defekt war. Es gab ein Darmbein, fast perfekt; ein Fragment des rechten Schulterblatts; das vordere Ende einer Rippe auf der rechten Seite und zwei hintere Teile und ein mittlerer Teil der Rippen, die eher den Rippen eines fleischfressenden Tieres als denen des Menschen ähneln. Dieser abnormale Zustand ist auf die starke Entwicklung der Brustmuskulatur zurückzuführen.

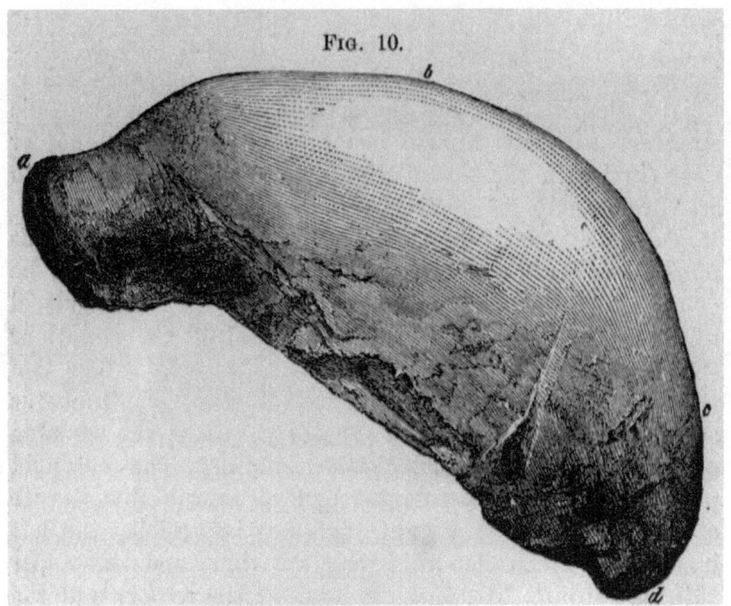

ABB. 10.
SEITENANSICHT DES MENSCHLICHEN SCHÄDELS AUS DER FELDHOFNER -HÖHLE IM NEANDERTALER BEI DÜSSELDORF.

A. Der Augenbrauenkamm und die Glabella.
C. Die Spitze der Lambdoidalnaht.
B. Die koronale Naht.
D. Der Hinterhauptsvorsprung.

Der Schädel wird so von Professor Huxley beschrieben. „Es hat eine extreme Länge von 8 Zoll, während seine Breite nur 5¾ Zoll beträgt, oder mit anderen Worten, das Verhältnis von Länge zu Breite beträgt 100 zu 72. Es ist außerordentlich niedergedrückt und misst nur etwa 3,4 Zoll vom Glabello -Occipital Linie zum Scheitelpunkt. Der Längsbogen, gemessen auf die gleiche Weise wie beim Engis- Schädel, beträgt 12 Zoll; der Querbogen kann aufgrund des Fehlens der Schläfenknochen nicht genau bestimmt werden, war aber wahrscheinlich ungefähr gleich sicherlich mehr als 10¼ Zoll. Der horizontale Umfang beträgt 23 Zoll. Dieser große Umfang ergibt sich jedoch größtenteils aus der ausgedehnten Entwicklung der Augenbrauenwülste, obwohl der Umfang der Hirnschale selbst nicht klein ist. Die großen Augenbrauenwülste verleihen der Stirn ein viel zurückhaltenderes Aussehen Aussehen, als seine innere Kontur vermuten lässt. Für ein anatomisches Auge ist der hintere Teil des Schädels noch auffälliger als der vordere. Der Hinterhauptsvorsprung nimmt das äußerste hintere Ende des Schädels ein, wenn die Glabello -Occipital-Linie horizontal gemacht wird, und So weit entfernt von irgendeinem darüber hinausgehenden Teil der

Hinterhauptsregion, neigt sich diese Region des Schädels schräg nach oben und vorne, so dass die Naht lambdoidea gut auf der oberen Oberfläche des Schädels liegt . Gleichzeitig ist trotz der großen Länge des Schädels die Sagittalnaht bemerkenswert kurz (4½ Zoll) und die Plattenepithelnaht sehr gerade." [38] ... „Der Schädel enthält in seinem gegenwärtigen Zustand etwa sechzig -drei englische Kubikzoll Wasser. Da der gesamte Schädel kaum weniger als 12 Kubikzoll mehr hätte fassen können, kann seine Mindestkapazität auf 75 Kubikzoll geschätzt werden Wenn man ein Idiot ist, kann man argumentieren, dass die *Beweislast* bei denen liegt, die die Hypothese annehmen. Idiotie ist mit sehr unterschiedlichen Formen und Fähigkeiten des Schädels vereinbar, aber ich kenne keine, die auch nur die geringste Ähnlichkeit mit dem Neandertaler-Schädel aufweist." [39]

Professor Huxley beschreibt diesen Schädel als den affenähnlichsten aller menschlichen Schädel, den er je gesehen hat, und bei seiner Untersuchung wurden in allen seinen Teilen affenähnliche Merkmale festgestellt. [40] Buchner sagt, dass das Gesicht des Neandertalers einen schrecklich bestialischen und wilden oder affenähnlichen Ausdruck gehabt haben muss (siehe Titelbild). [41] Professor Schaaffhausen und Herr Busk haben erklärt, dass „dieser Schädel der brutalste aller bekannten menschlichen Schädel ist und denen der Affen nicht nur in der erstaunlichen Entwicklung der Augenbrauenvorsprünge und der Vorwärtsausdehnung der Augenhöhlen ähnelt, sondern auch." mehr in der niedergedrückten Form der Gehirnhülle, in der Geradheit der Plattenepithelnaht und im vollständigen Rückzug des Hinterhaupts nach vorne und oben, von den oberen Hinterhauptswülsten. [42]

Professor Schaaffhausen und Dr. Buchner betrachteten diesen Schädel als einen Rassentyp, und Professor Huxley sagte, „dass er wirklich nur das äußerste Mitglied einer Reihe ist, die in langsamen Schritten zu den höchsten und am besten entwickelten Formen menschlicher Schädel führt." [43]

Dass es sich bei diesem Schädel um einen Rassentyp handelt, lässt sich schon daran erkennen, dass es sich nicht um einen Einzelfall handelt. Das Schädelfragment aus dem Löss des Rheins (Elsass) ähnelt durch seine eingedrückte Stirn und die stark hervortretenden Augenbrauenbögen stark dem Schädel des Neandertalers. Der Schädel aus dem Kalktuff von Constatt ähnelt in seiner niedrigen, schmalen Stirn und den kräftigen Augenbrauenbögen dem Neandertaler. [44] Der in Knochenbrekzien in der Cochrane-Höhle (Gibraltar) gefundene Schädel „ähnelt in allen wesentlichen Einzelheiten, einschließlich seiner großen Dicke, dem berühmten Neandertaler-Schädel. Seine Entdeckung trägt enorm zum wissenschaftlichen Wert des Neandertaler-Exemplars bei." und sei es nur, um zu zeigen, dass Letzteres nicht, wie viele bisher angenommen haben, eine bloße individuelle Besonderheit darstellt, sondern dass es möglicherweise charakteristisch für eine Rasse war, die sich vom Rhein bis zu den Säulen des Herkules erstreckte." [45] In Bezug auf den Neandertaler-Schädel sagt Professor Schaaffhausen : „Es ist bemerkenswert, dass ein ähnlicher, wenn auch kleinerer Vorsprung der Augenbrauenbögen im Allgemeinen in den Schädeln wilder Rassen gefunden wurde ... Der bemerkenswert kleine Schädel von die Gräber auf der Insel Moën , untersucht von Professor Eschricht ; die beiden menschlichen Schädel, beschrieben von Dr. Kutorga , von der Regierung von Minsk (Russland), von denen insbesondere einer eine große Ähnlichkeit mit dem Neandertaler-Schädel aufweist; der menschliche Skelett, gefunden bei Plau in Mecklenburg, in einem sehr alten Grab, in hockender Haltung, ... dessen Schädel auf eine sehr ferne Zeit hinweist, als der Mensch auf einem sehr niedrigen Entwicklungsstand stand;" und andere ähnliche Funde in der Nähe von Mecklenburg, deren Schädel ebenfalls kurze, zurückweichende Stirnen und hervorstehende Augenbrauen aufwiesen. [46]

Professor Huxley ist der Ansicht, dass die Borreby- Schädel, die zur Steinzeit Dänemarks gehören, „eine große Ähnlichkeit mit dem Neandertaler-Schädel aufweisen, eine Ähnlichkeit, die sich in der Vertiefung des Schädels, der zurückweichenden Stirn, dem zusammengezogenen Hinterkopf und den hervorstehenden Augenbrauenwülsten manifestiert." ." [47]

Menschlicher Schädel von Arno. - Der menschliche Schädel, den Professor Cocchi im Arno-Tal in der Nähe von Florenz zusammen mit verschiedenen Knochen ausgestorbener Tierarten in diluvialem Ton gefunden hat, wird von Carl Vogt als ebenso alt wie die Engis- und Neandertaler-Schädel angesehen. [48]

KAPITEL IV.

VORGLAZIALE EPOCHEN.

Das Zeitalter unmittelbar vor dem Eiszeitalter und damit auch das Posttertiär wird als Pliozän , das letzte Zeitalter des Tertiärs, bezeichnet.

Mit dem Ende der Kreidezeit begann das Tertiär. Eine Karte des frühen Tertiärs würde Teile von Maryland, Virginia, den Carolinas, Georgia, ganz Florida, die unteren Teile von Alabama, Mississippi, Texas, ganz Louisiana und das angrenzende Gebiet auf beiden Seiten des Mississippi darstellen , bis Kairo, soweit mit Wasser bedeckt. Auch ein großes Meer, das sich durch Nebraska und den westlichen Teil von Dacotah erstreckt und einen nordwestlichen Kurs nimmt, bis es in den Pazifik mündet. In Europa das große Becken von Paris (mit Ausnahme einer Kreidezone), der größte Teil Spaniens und Italiens, ganz Belgien, Holland, Preußen, die Schweiz, Ungarn, die Walachei und Nordrussland als eine riesige Wasserfläche. England und Frankreich waren durch eine Felskette verbunden.

Etwa in der Mitte des Tertiärs breitete sich in ganz Europa ein tropisches Klima und eine tropische Fauna und Flora aus. In den Tälern der Schweiz blühten Palmen, Zedern, Lorbeer- und Zimtbäume, und mehr als dreißig verschiedene Eichenarten schmückten die Wälder jener Zeit.

In Europa wurden im Eozän dreißig Krokodilarten gefunden; viele Schlangenarten, eine davon zwanzig Fuß lang; ein Dutzend Vogelarten; Tapire (*Palæothere* und *Lophiodon*), zwei Schweinearten, einige Wiederkäuer und Nagetiere.

Im Miozän können unter *den Dickhäutern* Mastodon, Elefant, Dinothere (ein Elefantentier), Nashorn, Schwein, Pferd, Tapir und Nilpferd erwähnt werden; unter den *Fleischfressern* Machairodus , Hyäne, Löwe und Hund; unter *den Wiederkäuern* das Kamel, das Reh und die Antilope. Es gab Affen und viele andere Tiere.

Im Pliozän kommen neben den genannten auch Bären, Hasen und andere Tiere vor.

In den Tertiärschichten Amerikas wurden Mastodonten, Elefanten, Nashörner, Hirsche, Kamele, Füchse, Wölfe, Pferde, Wale und andere Säugetiere gefunden .

Aufgrund der großen Zeitspanne ist nicht damit zu rechnen, dass in dieser Frühzeit noch viele Spuren des Menschen entdeckt werden.

Aus theoretischen Gründen hielt Lyell es für sehr wahrscheinlich, dass der Mensch im Pliozän lebte ; aber in Bezug auf die Zeit des Miozäns sagt er:

„Hätte damals ein anderes rationales Wesen, das den Menschen repräsentierte, gediehen, hätten einige Zeichen seiner Existenz kaum unbemerkt bleiben können, in Form von Werkzeugen aus Stein oder Metall, die häufiger und langlebiger waren als." die knöchernen Überreste eines Säugetiers . [49] Sir J. Lubbock räumt zwar die Existenz des Menschen im Pliozän ein , geht aber noch weiter und sagt: „Wenn der Mensch eine eigene Familie von Säugetieren darstellt , wie er es nach Meinung der höchsten Autoritäten tut, dann nach allen paläontologischen Erkenntnissen ." Analogien zufolge muss er im Miozän Vertreter gehabt haben . Wir müssen jedoch nicht damit rechnen, die Beweise in Europa zu finden; unsere nächsten Verwandten im Tierreich sind auf heiße, fast tropische Klimazonen beschränkt, und in solchen Ländern leben wir sind am wahrscheinlichsten, die frühesten Spuren der Menschheit zu finden." [50] Alfred R. Wallace übertrifft jeden seiner Zeitgenossen , denn er sagt: „Wir sind in der Lage, den Ursprung des Menschen in einer viel weiter entfernten geologischen Epoche zu verorten, als bisher für möglich gehalten wurde. Er könnte sogar in dieser gelebt haben." Miozän oder Eozän , als kein einziges Säugetier in seiner Form mit einer existierenden Art identisch war. [51]

Einige der älteren und einige der neueren Entdeckungen der Geologen haben die Frage des Tertiärmenschen geklärt; und die von Lyell geforderten „Zeichen seiner Existenz" in der „Form von Steingeräten" wurden geliefert.

Der Mensch im Pliozän. — Es wurde bereits angedeutet, dass es in dieser frühen Epoche nur wenige Zeugnisse des Menschen gibt. Das erste Beispiel in der folgenden Liste grenzt eng an das Glazial, ist aber weit genug entfernt, um dem Pliozän zuzuordnen .

Osars oder Findlinge genannten Hügel zu durchtrennen , die während der Eiszeit vom Treibeis abgelagert wurden. Unter einer riesigen Ansammlung von Osaren mit Muscheln und Sand wurde in der tiefsten Schicht des Untergrunds, in einer Tiefe von etwa sechzig Fuß, eine kreisförmige Steinmasse entdeckt, die eine Feuerstelle bildete, in deren Mitte sich Holzkohlen befanden . Keine andere Hand als die des Menschen hätte die Arbeit ausführen können. [52]

In den pliozänen Schichten in der Nähe der Stadt Savonia in Ligurien fand MA Issel mehrere Knochen, die alle physischen Anzeichen einer sehr hohen Antike aufwiesen. Dr. Buchner ist der Meinung, dass diese Knochen, bevor sie als zufriedenstellende Beweise verwendet werden können , einer genaueren Prüfung durch wissenschaftliche Autoritäten unterzogen werden müssen. [53]

In den oberen Pliozänschichten von St. Prest (Frankreich) fand M. Desnoyers Spuren menschlicher Eingriffe an den Knochen von Tieren des Tertiärs. Diese Frakturen ähneln denen, die durch menschliches Eingreifen an Knochen aus der Eiszeit beobachtet wurden, und sind identisch mit denen, die nördliche Stämme der Gegenwart an den Schädeln von Wiederkäuern anfertigen. Bei den gefundenen markierten Knochen handelte es sich um die des Südlichen Elefanten (*E. meridionalis*), des Nashorns (*R. leptorinus*), des Großen Nilpferds, mehrerer Hirscharten und zweier Ochsen . Carl Vogt stellt fest, dass diese Entdeckung nicht nur echt ist, sondern auch, dass die Formation, in der die Knochen gefunden wurden, eindeutig tertiär ist. Es ist außerdem durch die Anwesenheit des Südlichen Elefanten (*E. meridionalis*) gekennzeichnet. Da dieser Elefant vor der Eiszeit ausgestorben ist, liegen die Knochen folglich vor der Eiszeit und vor der Zeit des Höhlenbären, des Mammuts und des Tichorrhino-Nashorns. Der bedeutende französische Naturforscher Quatrefages bestätigt die Aussage von Desnoyers . [54]

Die Schlussfolgerungen von Desnoyers werden durch die neueren Entdeckungen von Abbé Bourgeois zweifelsfrei bestätigt. In denselben Tertiärschichten von St. Prest , in denen die markierten oder gebrochenen Knochen gefunden wurden, entdeckte Bourgeois bearbeitete Feuersteine, darunter Flocken, Ahlen und Schaber. [55]

Ein menschlicher Schädel aus dem Pliozän wurde von James Matson in Altaville im kalifornischen Calaveras County in einer Tiefe von 130 Fuß unter fünf Kiesbetten gefunden , die durch fünf mit den Knochen verbundene Lavaschichten getrennt waren eines ausgestorbenen Nashorns, Kamels und Pferdes. Die Schädelbasis ist in eine Masse aus Knochenbrekzien und kleinen Kieselsteinen aus Vulkangestein eingebettet. Die Form des Schädels ähnelt der der Digger-Indianer und ist von bemerkenswerter Dicke. [56]

Der Mensch im Miozän. [57] –M. Bourgeois hat in einer miozänen Schicht in der Nähe von Pontlevoy zahlreiche bearbeitete Feuersteine und andere Feuersteine gefunden, die der Einwirkung von Hitze ausgesetzt waren. Diese menschlichen Werke wurden mit den Überresten des Acerotheriums (einer ausgestorbenen Art, die mit dem Nashorn verwandt ist) und unter fünf verschiedenen Betten in Verbindung gebracht, von denen eines die gerollten Knochen von Nashorn, Mastodon und Dinotherium enthielt. [58]

miozänen Schichten von Aurillac (Auvergne) einen Feuersteinsplitter von zweifelloser Kunstfertigkeit , zusammen mit den Überresten von *Dinotherium giganteum* und *machaerodus Latiden* . [59]

M. Bourgeois berichtet, dass Abbé Delaunay in der Nähe von Pouance (Maine-et-Loire) fossile Knochen eines *Halitheriums* (eines pflanzenfressenden Wals aus dem Miozän) gefunden hatte, die offensichtliche Anzeichen einer Operation mit Schneideinstrumenten aufwiesen. [60]

In den miozänen Kiesbetten der Gebiete Colorado und Wyoming wurden Hornsteinflocken, Hämmer, Meißel, Messer und bearbeitete Muscheln gefunden. [61]

Eozän. — Bisher konnten Geologen keine Spuren des Menschen im Eozän entdecken.

KAPITEL V.

Zustand des Menschen in den frühesten Zeiten.

Über das erste Erscheinen des Menschen auf der Erde gibt es keine genauen Erkenntnisse. Seine Herkunft ist ein Rätsel. Sein Geburtsort wird allgemein in Zentralasien vermutet. Dort schaut der Geologe mit sehnsüchtigem Blick hin und hofft, letztendlich nicht nur das verborgene Geheimnis des Geburtsortes seiner Rasse zu lüften, sondern auch, wie oder durch welchen natürlichen Prozess er ins Leben gerufen wurde.

Wenn das Miozän der früheste Zeitpunkt in seiner Geschichte und Zentralasien der Ort seiner Geburt ist, dann wurde er in der Zeit der zahlreichen Fauna Indiens auf den Schauplatz des Lebens geführt und von ihr umgeben, zu dieser Zeit auch ihre Säugetiere , neben dem Quadrumana , Elefant (sieben Arten), Mastodon (drei Arten), Nashorn (fünf Arten), Pferd (drei Arten), Nilpferd (vier bis sieben Arten), Schwein (drei Arten), Kamel, Giraffe, Sivatherium (an Elefantenhirsche, die vier Hörner haben und vermutlich die Masse eines Elefanten hatten und größer waren), Antilopen, Moschushirsche, Schafe, Ochsen (mehrere Arten), Dinotherien, Stachelschweine, Hyänenarten, Löwen und viele andere.

Es kann nicht davon ausgegangen werden, dass die intellektuellen Fähigkeiten des Menschen normal entwickelt waren, da es nicht natürlich wäre anzunehmen, dass er denen späterer Zeiten überlegen war. Nach den Überresten späterer Zeiten zu urteilen, konnte der Mensch nur sehr wenig vom Tier entfernt sein. Es liegt nahe, anzunehmen, dass er zunächst kein Feuer, keine Angriffs- oder Verteidigungswaffen hatte . Seine Nahrung muss aus Kräutern, Wurzeln und Früchten des Baumes bestanden haben, möglicherweise mit einem gelegentlichen Stück rohem Fleisch. Sein Kissen war ein Stein, sein Rückzugsort eine Höhle oder die Äste eines weitläufigen Baumes und seine Kleidung ein natürliches Haarkleid.

Angesichts der wilden Tiere scheint die Herrschaft des Menschen nur von kurzer Dauer zu sein. Die Vorsehung hat alles weise geordnet. Der Mensch, der auf der Skala des Lebens weit unten stand – brutal, selbstsüchtig, umherstreifend und doch vorsichtig –, entwickelte durch die Macht der Umstände nach und nach die Kräfte seines Geistes. Mit dem Elefanten und dem Mastodon kam er nicht zurecht und sie wollten ihn auch nicht belästigen. Für die wilden Fleischfresser könnte er zur Beute werden. Vor diesen konnte er fliehen und in den Wipfeln der Bäume oder an einer sicheren Stelle auf der Erde Schutz finden. Er lernte seine eigene Stärke durch Erfahrung kennen, wagte sich auf Ausflüge und begegnete seinem tödlichen Feind von Angesicht zu Angesicht. Zur Selbstverteidigung entdeckte er, wahrscheinlich durch Zufall, dass ein Schläger eine mächtige Waffe war, mit der er seinen erbitterten Gegner zurückschlagen konnte. Nach und nach wurde ihm klar, dass ein scharfer Feuerstein, der in das Ende einer Keule getrieben wurde, eine sicherere und tödlichere Waffe war. Damit konnte er einem ungleichen Wettbewerb standhalten.

Die Lebensweise und die Prüfungen seiner Kräfte entwickelten seine Muskulatur. Seine Muskeln wurden groß und kräftig und seine Knochen dick und schwer. Der früheste Menschentyp gilt im Allgemeinen als *dolichozephaler* oder langköpfiger Mensch. Die Schädelwände waren dick und die Schädeldecke niedrig. Er war von gewöhnlicher Statur, aber zum Handeln gebaut und von großer Macht. Sein Make-up war das Ergebnis seiner Umgebung.

Sein Fortschritt war sehr langsam. Über die gesamte Länge des Miozäns und Pliozäns ist es nicht nachweisbar. Es gab keine Revolution in seinem Kopf; Ein Schritt voraus wäre ein gewaltiger Sprung gewesen. Es war auch nicht zu erwarten, dass es rasche Fortschritte geben würde. Der Geist war brutal; und alle Instinkte sinnlich. Aber es stand eine gewaltige Veränderung bevor. Das tropische Klima sollte sich in einen Winter aus Schnee und Eis verwandeln. Der Mensch sollte es spüren und von der neuen Gefahr profitieren. Sein träger Geist sollte belebt und der Erfindergeist zum Handeln aufgerufen werden. Die Sonne konnte ihre Wärme nicht mehr abgeben. Die Wälder wurden kalt, die kühlen Winde fegten über die Ebenen und der Rückzugsort in der Höhle war feucht und abweisend. Entweder starben die wilden Tiere vor Kälte oder sie zogen sich dicke, lange Haare an und zogen sich vor dem sich ansammelnden Schnee zurück. Der Mann sah sich ernsthaft um. Er litt sehr und seine Zahl nahm ab. Es war Feuer entstanden. Wie, kann niemand sagen; möglicherweise aus Versehen. Er ging jetzt vorsichtiger mit dem Feuer um und ging mit dem Brandmal in der Hand von Ort zu Ort, um die Feuer an den verschiedenen Ruheplätzen anzuzünden. Dies reichte auch nicht aus. Sein Einfallsreichtum wurde bis zum Äußersten beansprucht. Die Winde wurden immer kälter. Der in großen Flocken herabströmende Schnee verfestigte sich bald und wurde zu Eis. Der Körper konnte nicht warm gehalten werden. Kleidung muss vorhanden sein, und diese muss von den wilden Tieren bereitgestellt werden. Ihre Häute müssen dazu beitragen, das Leben des Menschen zu schützen. Die erstarrten, gefrorenen Tiere allein würden keine ausreichende Deckung bieten. Messer müssen erfunden werden. Aus dem Feuerstein wurden grobe Messer gefertigt, mit denen die Häute entfernt und auf die Körper der Menschen übertragen wurden. Doch während der lange Winter andauert, muss das Leben der lebenden Tiere geopfert werden, sowohl für das Fleisch als auch für die Häute. Es entstanden grobe, fast formlose Pfeilspitzen. Es musste Holz zum Wärmen und Kochen vorhanden sein und einfache Flöße gebaut werden, mit denen man die anschwellenden Flüsse überqueren konnte. Dann wurden diese Steinbeile der Somme geformt und erfüllten ihren Zweck.

Der Mensch war endlich bereit, sich den Strapazen des Winters und den Gefahren des Eises zu stellen und sich vor dem Hungertod zu schützen. Mit seinen Konflikten mit der Natur gibt er sich nicht zufrieden, seine brutale Leidenschaft richtet sich gegen seine Mitmenschen. Tödliche Schläge treffen schnell aufeinander, das Blut fließt frei, die Knochen geben nach und der Schwächere ist erlegen. Es gibt heftige Auseinandersetzungen um die gemeinsame Beute, und die Starken dominieren die Schwachen. Er ist seinem Instinkt treu und gesellig. Er lebt in Gemeinschaften; und die Wagemutigeren – die Jäger – haben ihre gemeinsamen Treffpunkte, stellen ihre Waffen her und wetteifern miteinander in Heldentaten.

Während der Eiszeit muss der Zustand des Menschen unverändert geblieben sein, nachdem er sich mit groben Steinwaffen versorgt hatte. Seine Zeit verbrachte er größtenteils mit Selbsterhaltung. Er zog sich vor der gefrorenen Flut zurück und sprang dennoch über sie hinweg, um das Wild zu verfolgen. Diese Erfahrung muss letztendlich etwas Positives bewirken. Als die Gletscher zurückzugehen begannen, folgte der Mensch ihm aufmerksam und vergaß nicht den Wert dieser Steinwaffen, die ihm Nahrung gesichert hatten. Sie dienten gegen den Höhlenbären, die Höhlenhyäne und den Höhlenlöwen und würden in den kommenden Zeitaltern von großem Nutzen sein. Durch eine kleine Umgestaltung könnten sie noch vorteilhafter genutzt werden; und diese Formänderung wurde durchgeführt, und andere Verwendungszwecke von Feuerstein wurden bekannt.

Die Form, das Aussehen und die wahre Stellung des Menschen werden durch die Relikte der Eiszeit erfasst. Die menschlichen Knochen erzählen eine Geschichte, die jeder Anatom lesen kann, selbst wenn er sich nicht so gut damit auskennt. Der Urtyp ist kein Geheimnis, und diese fossilen Knochen erzählen von den schrecklichen Kämpfen vergangener Zeiten.

Der Neandertaler wurde bereits beschrieben. Seine Struktur ist tierisch. Seine Geschichte stimmt mit der allgemein akzeptierten Vorstellung des Geologen vom Urmenschen überein. Die Illustration (Frontispiz) stellt ihn bestialisch und affenhaft dar. Eine starke Organisation und gut an diese Zeit angepasst. Seine Knochen erzählen von furchtbaren Konflikten. Er erreichte ein hohes Alter, da die Spuren jeder Naht verwischt sind. Sein Schädel war sehr dick. Die starken, hervorstehenden Augenbrauenbögen kennzeichnen große Wahrnehmungsorgane , die ihn wachsam und stets auf der Hut machen. Diese Knochen erzählen von einem schrecklichen Konflikt. Der linke Arm war gebrochen; Wer weiß, aber in einem Wettbewerb mit dem großen Höhlenbären. Er überlebte den Wettkampf und musste noch miterleben, wie dieser Arm schwand und nahezu nutzlos wurde. Auf das rechte Auge erhielt er von irgendeiner Seite einen Schlag, der so heftig war, dass ein Teil des Knochens weggerissen wurde. Die Klaue eines Höhlenbären oder eine Feuersteinwaffe in der Hand eines Angehörigen seiner Rasse könnten diesen Bruch verursacht haben. Er lebte noch und die Wunde heilte. All dies zeugt von seiner Stärke und Tapferkeit. Es gibt einen Einblick in die wunderbaren Nöte und Wechselfälle des Urmenschen.

Der Engis- Schädel gehört zum gleichen Typ, wenn auch weniger bestialisch. Möglicherweise hat sich diese Person nicht auf die Jagd eingelassen und sich nicht auf die männlichen Beschäftigungen jener Zeit eingelassen. Er könnte ein Berater oder ein Dandy gewesen sein; oder sein Einfallsreichtum könnte ihn zu der Berufung geführt haben, Waffen und Geräte aus Feuerstein herzustellen.

Zur Zeit des Engis- Mannes gab es sowohl große als auch kleine, kräftige Männer. In derselben Höhle wurde das Schlüsselbein eines jungen Menschen gefunden, der von großer Statur gewesen sein muss.

Die Kiefer von La Naulette und Moulin- Quignon weisen eine große Tendenz zur tierischen Struktur auf und bestätigen die Eindrücke, die man vom primitiven Zustand des Menschen während der Eiszeit und der Voreiszeit erhält.

KAPITEL VI.

INTERGLAZIALE EPOCHE.

Die Gletscher sind verschwunden. Der Sommer kommt wieder. Die Wälder blühen und das wilde Tier streift umher. Viele Arten hielten der langen Kälteeinwirkung stand; andere kamen ums Leben; Wieder andere folgten dem Rückzug des Eises und zogen die Kälte der kommenden Hitze vor. Die Überschwemmungen hatten nachgelassen und der Mensch breitete sich über die verschiedenen Gebiete aus, die mit Blumen blühten und von irdischer Pracht erstrahlten.

Es gibt zahlreiche Beweise für die Existenz des Menschen in dieser Zeit, darunter Kunstwerke und Fossilienreste. Es werden nur wenige Beispiele angeführt, da nicht viele erforderlich sein werden, um Beweise vorzulegen und den Zustand des Menschen aufzuzeigen.

Die von Mr. Dawkins erkundete Hyänenhöhle in Wokey Hole bietet Exemplare menschlicher Arbeit. Als diese Höhle entdeckt wurde, war sie bis zur Decke mit *Schutt gefüllt* . Unter diesem Müll wurden mehrere Schichten der Exkremente der Höhlenhyäne (*H. spelæa*) gefunden, die jeweils auf einen alten Boden und eine separate Besiedlungsperiode hinweisen.

Unter diesen Kotschichten befanden sich die Geräte, was darauf hindeutet, dass die Höhle nach der Zeit der Wilden von Hyänen bewohnt worden war. Diese Geräte wurden durch die Einwirkung von Wasser nicht gestört. In der Knochenerde wurden neben den Überresten der Höhlenhyäne auch Überreste des Mammuts, des Sibirischen Nashorns (*R. tichorrhinus*), des Riesenochsen (*Bos primigenius*) und des Riesenhirsches (*Megaceros*) gefunden *Hibernicus*), Rentiere, Höhlenbären, Höhlenlöwen (*Felis spelæa*), Wölfe (*Canis lupus*), Füchse (*Canis vulpes*) und die Zähne und Knochen des Pferdes in großer Zahl. Mit diesen Knochen vermischt waren abgebrochene Feuersteine, eine Waffe aus gebleichtem Feuerstein vom Typ Amiens mit Speerspitze und Pfeilspitzen aus Knochen.

ABB. 11.
IDEALE SZENE IM POST-TERTIÄR.

Rechts ist das Megatherium dargestellt. Dieses Tier gehörte zum Stamm der Faultiere und stammte ursprünglich aus Südamerika. Es war größer als das größte Nashorn und die Länge seines Skeletts erreichte manchmal 18 Fuß. Vorne, nahe der Mitte , ist das Glyptodon, ein weiteres südamerikanisches Tier des Gürteltierstamms. Die Länge seines Panzers entlang der Kurve betrug fünf Fuß und die Gesamtlänge des Tieres neun Fuß. Direkt hinter dem Glypodon hält sich an einem Baum der Mylodon, der sowohl in Nord- als auch in Südamerika vorkommt und von dem eine Art viel größer war als der westliche Büffel. Links und hinten ist das Mastodon zu sehen, dessen Überreste sowohl in Nord- als auch in Südamerika zu finden sind, allerdings von unterschiedlicher Art. Obwohl diese Szene nicht die Tiere darstellt, mit denen wir es zu tun haben, vermitteln die allgemeinen Merkmale doch eine Vorstellung von denen, die uns interessieren.

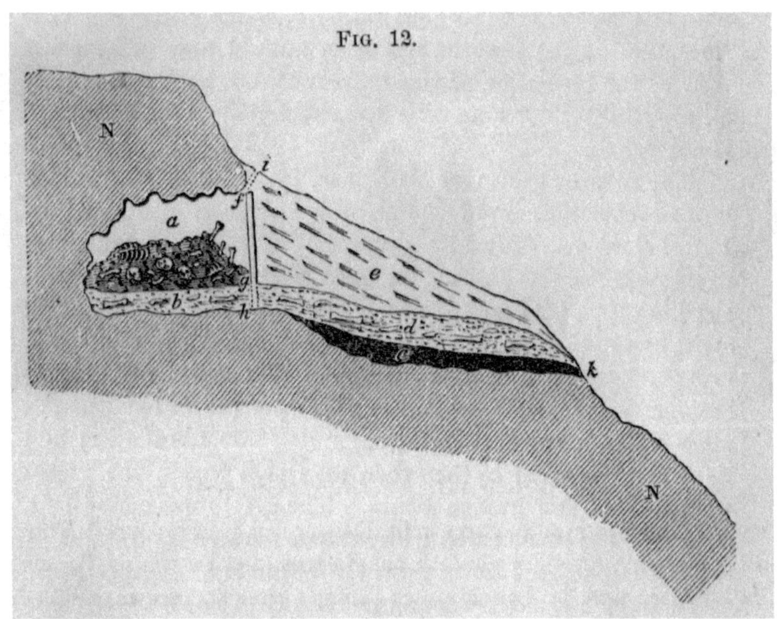

ABB. 12.
**ABSCHNITT DER GRABGROTTE AUF DEM HÜGEL VON FAJOLES ,
AURIGNAC.**

A. Gewölbe, in dem die siebzehn menschlichen Skelette gefunden wurden.

B. Schicht aus bearbeitetem Boden, zwei Fuß dick, im Inneren der Grotte, in der einige menschliche Knochen, ganze Knochen ausgestorbener und lebender Tierarten und viele Kunstwerke eingebettet waren.

C. Acht Zoll dicke Schichten aus Asche und Holzkohle, die zerbrochene, verbrannte und abgenagte Knochen ausgestorbener und lebender Säugetiere , außerdem Herdsteine und Kunstwerke enthielten; keine menschlichen Knochen.

D. Einzahlung mit ähnlichem Inhalt; auch ein paar verstreute Asche.

e. Schuttberge, die vom Hügel oben heruntergespült wurden.

f , *g* . Felsplatte, die das Gewölbe verschloss.

Wenn . _ _ Kaninchenbau.

h , *k* . Ursprüngliche Terrasse.

N. Nummulitischer Kalkstein.

In der Höhle von Maccagnone auf Sizilien wurden Asche und grobe Feuersteingeräte in einer Brekzie gefunden, die die Knochen eines Elefanten (*E. antiquus*), einer Hyäne, eines großen Bären, eines Löwen (wahrscheinlich *F. spelæa*) und einer großen Anzahl davon enthielt aus Knochen des Nilpferds. Der Beton aus Asche hatte einst die Höhle gefüllt, und ein großes Stück Knochenbrekzie war noch immer an der Decke zementiert.

Die große Zahl an Nilpferden deutet darauf hin, dass sich die körperliche Verfassung des Landes von der heutigen unterschied. Die an der Decke befestigte und mit Stalagmiten überzogene Knochenbrekzie zeugt davon, dass die Höhle irgendwann seit der Entstehung der Brekzie ausgewaschen wurde. Der genaue Zeitpunkt der Entstehung dieser Brekzie kann nicht angegeben werden, aller Wahrscheinlichkeit nach jedoch nicht lange nach dem Aussterben des Höhlenbären, wenn nicht schon früher.

Die Höhle oder Grotte von Aurignac, in der die siebzehn menschlichen Skelette gefunden wurden, wurde acht Jahre nach ihrer Entdeckung von Lartet sorgfältig untersucht. Die Vertiefung wurde in nummulitischem Kalkstein gebildet. Vor der Grotte und neben dem Kalkstein (*c* , Abb. 12) befand sich eine 20 Zoll dicke Schicht aus Asche und Holzkohle, die Herdsteine, Kunstwerke und zerbrochene, verbrannte und zernagte Knochen ausgestorbener Menschen enthielt rezente Säugetiere . Unmittelbar über dieser Schicht (*d*) befand sich eine weitere zwei Fuß dicke Schicht aus festem Boden, die sich bis in die Grotte erstreckte; und ihr Inhalt ähnelte dem anderen, außer dass in der Grotte einige menschliche Knochen gefunden wurden. Die Grotte war mit einer Platte verschlossen, und die entstandene Erde draußen war mit einer Schuttschicht (*e*) bedeckt, die vom darüber liegenden Hügel herabgespült worden war.

In diesen Schichten wurden nicht weniger als hundert Feuersteininstrumente gefunden, bestehend aus Messern, Projektilen, Schleudersteinen, Splittern und einem Stein, der zum Modellieren der Feuersteine hergestellt wurde. Bei den Knochenwerkzeugen handelte es sich um widerhakenlose Pfeile, einen wohlgeformten und spitz zulaufenden Bodkin aus dem Horn des Rehs und andere Werkzeuge aus Rentierhorn. Außer diesen wurden achtzehn kleine runde und flache Platten aus einer weißen Muschelsubstanz gefunden, die aus einigen Herzmuschelarten (*Cardium*) hergestellt waren und in der Mitte durchbohrt waren; außerdem der Stoßzahn eines jungen Höhlenbären, dessen Krone in Anlehnung an den Kopf eines Vogels geschnitzt war.

Im Folgenden finden Sie eine Liste der verschiedenen Arten, die in den Schichten vorkommen, zusammen mit der ungefähren Anzahl der zu jeder Schicht gehörenden Individuen:

I. – CARNIVORA.

	Anzahl der Personen.
1. Höhlenbär (*U. Spelaeus*)	5-6
2. Braunbär (*U. arctos*)	1
3. Dachs (*Meles taxus*)	1-2
4. Iltis (*Putorius vulgaris*)	1
5. Höhlenlöwe (*Felis spelæa*)	1
6. Wildkatze (*Felis Catus Ferus*)	1
7. Hyäne (*H. spelæa*)	5-6
8. Wolf (*Canis lupus*)	3
9. Fuchs (*C. vulpes*)	18-20

II. – HERBIVORA.

	Anzahl der Personen.
1. Mammut (*E. primigenius*)	Zwei Backenzähne und ein Astragalus.
2. Nashorn (*R. tichorrhinus*)	1
3. Pferd (*Equus caballus*)	12-15
4. Esel (*E. asinus*)	1
5. Eber (*Sus scrofa*)	Zwei Schneidezähne.
6. Hirsch (*Cervus elephas*)	1
7. Riesiger irischer Hirsch (*Megaceros Hibernicus*)	1
8. Rehbock (*C. capreolus*)	3-4
9. Rentier (*C. tarandus*)	10-12
10. Auerochse (*Bison Europæus*)	12-15

Es stellte sich heraus, dass die Knochen an der Außenseite der Grotte aufgespalten waren, als ob sie zur Gewinnung des Knochenmarks dienten, und viele von ihnen verbrannten. Die schwammigen Teile fehlten, da sie von den Hyänen abgenagt worden waren.

M. Lartet kam zu dem Schluss, dass es sich bei dieser Grotte um eine Grabstätte handelte und die gebrochenen oder gespaltenen Knochen die Überreste der Bestattungsfeste waren. Dies argumentierte er mit der Tatsache, dass die Knochen in der Grotte nicht gespalten, gebrochen oder angenagt waren, mit Ausnahme des Astragalus des Mammuts. Dieses Fleisch wurde in die Grotte gelegt, wahrscheinlich als Opfergabe für die Toten. Die Knochen außerhalb der Höhle wurden abgekratzt, und während die Männer noch mit dem Begräbnisfest beschäftigt waren, schlichen die Hyänen an der Stelle umher und fraßen am Ende des Banketts das übrig gebliebene Fleisch. Die Platte vor der Höhle versperrte ihnen den Zugang, und so blieben die darin befindlichen Knochen und menschlichen Überreste unberührt.

Die Beobachtungen von M. Cartailhac aus dem Jahr 1870 führen zu unterschiedlichen Schlussfolgerungen. Bei genauer Betrachtung entdeckte er einen Unterschied in der Farbe der Höhlenwände, was darauf hindeutete, dass die untere Ablagerung eine gelbe Farbe hatte und die nächsthöhere Ablagerung einen viel helleren Farbton hatte. In den Spalten des unteren Teils fand er einen Zahn des Nashorns, einen Zahn des Rentiers und einige gebrochene Knochen des Höhlenbären. In der höheren Ablagerung befanden sich einige kleine Knochen lebender Tiere und Menschen sowie ein Keramikfragment. Aus diesen Beweisen schloss M. Cartailhac , dass die unteren Ablagerungen der Grotte mit denen außerhalb der Grotte übereinstimmten und dass die Schicht mit menschlichen Knochen zu einem späteren Zeitpunkt gebildet wurde.

Dass diese Grotte schon sehr früh ein Erholungsort war, belegen die zahlreichen Überreste des Höhlenbären. Dieses Tier war eines der ersten dieser großen posttertiären Säugetiere , das ausstarb. Die genaue Position der Überreste des Rentiers ist nicht angegeben. Würden seine Knochen mit den anderen vermischt und sowohl in der untersten als auch in den anderen Schichten gefunden, würde dies darauf hindeuten, dass das Klima während der Ablagerung der Schichten nicht sehr warm war, sondern dem der heutigen Schweiz ähnelte . Die Wahrscheinlichkeit ist, dass die Rentierknochen nicht in der untersten Schicht vorkamen und diese Schicht daher während des tropischen Klimas gebildet wurde und die Rentierknochen und menschlichen Skelette gegen Ende der Zwischeneiszeit oder zu Beginn der Eiszeit in die Grotte verbracht wurden die Rentier-Epoche.

Der fossile Mensch von Denise, der aus einem alten vulkanischen Tuffstein stammt, muss dieser Zeit zugeordnet werden, da in ähnlichen Tuffsteinblöcken in derselben Region Überreste der Höhlenhyäne und des

Großen Nilpferds gefunden wurden. Dieses Fossil eines Menschen besteht aus einem vorderen Teil des Schädels, dem Oberkiefer mit Zähnen, der sowohl einem Erwachsenen als auch einem jungen Individuum gehört; ein Radius, einige Lendenwirbel und einige Mittelfußknochen. Der Tuffstein ist leicht und porös, und keiner der Knochen dringt in das kompaktere Gestein ein.

In der Mülldeponie oder Rentierstation an der Quelle der Schusse wurden mehr als sechshundert gespaltene Feuersteine mit einer Menge teilweise bearbeiteter Geweihe und Rentierknochen entdeckt. Die Anzahl der Knochen war so groß, dass es Herrn Oscar Fraas gelang, ein vollständiges Skelett des Rentiers zusammenzustellen, das heute im Stuttgarter Museum aufbewahrt wird. Die meisten Knochen wurden zur Gewinnung des Knochenmarks aufgespalten. Es gab zahlreiche Überreste von Fischen und einen Angelhaken aus Rentierhorn. Es gab auch die Knochen anderer Tiere, wie des Vielfraßes, des Polarfuchses und anderer Tiere, die heute in hohen nördlichen Breiten leben.

Über diese Station sagt Dr. Buchner: „Nicht nur die sorgfältigen Untersuchungen der geognostischen Bedingungen des Ortes, sondern auch die damalige Flora (es wurden Reste von Moosen gefunden, die heute nur noch im äußersten Norden leben) lassen keinen Rückschluss Zweifel, dass die Rentierstation an der Schusse zur Eiszeit gehört, oder dass sie wahrscheinlich genau zu der Zeitspanne zwischen den beiden Eiszeiten gehört, die aller Wahrscheinlichkeit nach die Schweiz erlebt hat. Herr E. Desor erklärte diese Ablagerung zur *Endmoräne von der Rheingletscher* , der früher sehr groß war. Darüber hinaus ist dieser Fund seiner Meinung nach besonders bemerkenswert, weil es sich um das erste Beispiel einer Station der Rentiermenschen in einer freien und offenen Lagerstätte handelt, deren Überreste bisher gefunden wurden nur in Höhlen." [62]

Aus den Bemerkungen von Dr. Buchner, der großen Anzahl von Rentierknochen und einigen Hinweisen auf Fortschritte in den Künsten kann man mit Sicherheit schließen, dass diese Station zum Ende der Zwischeneiszeit gehört.

Kapitel VII.

Zustand des Menschen in der Zwischeneiszeit.

Die Zwischeneiszeit dauerte sehr lange und umfasste viele tausend Jahre.

Der Mensch ist ein verbesserungswürdiges Wesen, und in seinem Zustand sind gewisse Fortschritte zu erwarten. Seine Lebensweise und die anhaltenden Konflikte mit den wilden wilden Tieren würden jede seiner Möglichkeiten auf die Probe stellen. Die Notwendigkeit zwang ihn, erfinderisch zu sein. Der begrenzte, bestialische Verstand, den er besaß, war nicht in der Lage, sich mit den höheren Problemen der Existenz auseinanderzusetzen. Gemeinsame Anstrengungen und befestigte Orte waren für ihn unvorstellbar. Diese alten Äxte aus Feuerstein waren große Objekte für ihn, und ein Schritt darüber hinaus war ein großer Fortschritt. Dass sie sich nur wenig entwickelten, ist nicht verwunderlich, nicht nur angesichts ihres niedrigen Typs, sondern auch angesichts der Erkenntnis, dass es selbst im Zeitalter der Geschichte Nationen gibt, deren Zivilisation seit Jahrhunderten starr und stereotypisiert ist; andere, die, anstatt Fortschritte zu machen, einen Rückschritt vollzogen.

Der von den Härten der Eiszeit ausgehende Impuls wirkte sich in dieser Zeit positiv aus. Die rohen Äxte und Feuersteine wurden beibehalten, es wurden jedoch Verbesserungen bei der Verwendung von Tierknochen und Hörnern vorgenommen. Daraus wurden Bodkins, Angelhaken und Pfeilspitzen hergestellt. Die Zähne wilder Tiere waren perforiert und wurden zusammen mit Korallen und Muscheln als Schmuck verwendet. Da es in den Höhlen, die als Wohnstätten dienten, an Wasser mangelte, wurde dieses Lebensnotwendige in einfachen, aus Ton gefertigten und in der Sonne getrockneten Gefäßen dorthin gebracht und transportiert. Die Pfeile, Feuersteinmesser und Äxte wurden zum Töten und Häuten der Tiere, zum Spalten der Knochen mit dem Mark, zum Formen der Knochengeräte, zum Fällen von Bäumen und zum Abschälen der Rinde verwendet, die nach dem Aufweichen manchmal für Kleidung verwendet wurde Prügel. Er begann mit der Kunst des Gravierens, wie eine Skizze des großen Höhlenbären bezeugt, die auf einem seltsamen Stein angefertigt wurde, der in der Höhle von Massat (Ariége) gefunden wurde, wobei der Vogelkopf aus dem Knochen eines Höhlenbären in Aurignac geformt war. und andere Beispiele. In den Höhlen von Lherm und in Bouicheta wurden die Unterkieferknochen des Höhlenbären und des Höhlenlöwen in Form von Hacken gefunden, die zum Graben von Wurzeln verwendet wurden . Er machte Herdsteine und kochte darauf sein Essen. Ob er den Toten Ehre erwies und sie vor den Verwüstungen der Raubtiere schützte, muss derzeit eine offene Frage bleiben. Wenn ja, könnte das darauf hindeuten, dass er religiöser Natur war.

Aber wenn man bedenkt, dass er auf der Skala seiner Existenz sehr niedrig stand, kann man daraus schließen, dass dies, wenn überhaupt, getan wurde, um ein böses Genie zu besänftigen. Oder es könnte eine schwache Vorstellung von einem Geisterstaat sein und dass diese Feste veranstaltet wurden, um den Geist davon abzuhalten, ihn zu belästigen. Dass sie eine Vorstellung von einem höchsten Herrscher oder einer Reihe von Göttern hatten, die zum Wohle der Menschen herrschten, wäre zu absurd, um es zu glauben.

Professor Denton hat eine Beschreibung der Urzeit gegeben, die durch eine kleine Änderung die Zeit zwischen den Eiszeiten darstellen würde: „Die Jahreszeiten sind ziemlich etabliert; und der Frühling folgt auf den Winter und der Herbst auf den Sommer, wie jetzt; obwohl der Sommer länger und wärmer ist." Wir sind es gewohnt, heutzutage in diesen Ländern zu sehen, und die Winter sind kälter. Das Land ist mit dichten Wäldern bedeckt, durch die mächtige Elefanten in Herden wandern, mit riesigen gebogenen Stoßzähnen, Mänteln aus langem, struppigem Haar und wallenden Mähnen. ... Schlurfend kommt der große Höhlenbär aus seiner felsigen Höhle – so groß wie ein Pferd: wild, struppig, sich seiner Stärke bewusst, fürchtet er keinen Gegner. An einer sprudelnden Quelle kauernd liegt der Höhlentiger (*Felis spelæa*) . ; und als das Wildvieh zum Trinken herunterkommt, springt er auf den Rücken eines Tieres, und es kommt zu einem schrecklichen Kampf. Es ist so groß wie ein Elefant und seine Hörner sind enorm groß; selbst Höhlentiger konnten es nicht immer bewältigen solche Rinder wie sie.

„Sind das die höchsten Lebensformen, die das Land beherbergt? Welches Wesen sitzt da auf dem umgestürzten Baum? Seine langen Arme sind vor seinem haarigen Körper und seine Hände zwischen seinen Knien, während seine langen Beine herunterbaumeln. Seines." Der Teint ist dunkler als der eines Indianers; sein Bart ist kurz und ähnelt seinem Körperhaar; das ungepflegte Haar auf seinem Kopf ist buschig und dicht; seine Augenbrauen sind kurz und knackig; und mit seiner schrägen Stirn und seinem brutalen Gesichtsausdruck scheint er wie der Karikatur eines Mannes und nicht eines echten Menschen.

„Unter dem Schatten einer sich ausbreitenden Kastanie können wir eine Gruppe erblicken – einen alten Mann ... und Frauen und Kinder, die faulenzen und auf dem Boden liegen. Wie schmutzig! Was für abweisende Gesichter! – eher wie Furien als wie Frauen. Ein junger Mann, Mit einer Steinaxt trennt er die Rinde eines benachbarten Baumes. Andere, flink wie Affen, klettern auf die Bäume und gehen von Ast zu Ast, während sie die wilden Früchte sammeln, die überall im Überfluss vorhanden sind. Einige fangen Fische im und schreien vor Triumph, während sie ihre Gefangenen an den Kiemen festhalten und sie ans Ufer zerren. [63]

Sie haben ihre Sprache verbessert, und anstelle der groben Zeichen und ununterscheidbaren Geräusche des Eiszeitalters sind nun kurze, aber gelegentliche Sätze zu hören, die die Vorläufer der polierten Zungen des modernen Europas waren.

KAPITEL VIII.

RENTIER-EPOCHE.

Die Gletscher sind in begrenztem Umfang wieder vorgedrungen. Die riesigen Tiere der Vergangenheit sind entweder verschwunden oder sterben schnell aus. Der Große Höhlenbär, der Höhlenlöwe, die Höhlenhyäne, das Mammut und das Wollhaarnashorn sind fast ausgestorben. Sie sind einer weniger wilden und weniger gigantischen Fauna gewichen. Das Vorrücken der Gletscher wird durch die zahlreichen Rentierherden angekündigt, die die Wälder Westeuropas überschwemmen und sich bis in den Süden bis zu den Pyrenäen erstrecken. In den Wäldern lebten nun Pferde, Bisons, Wildbullen (*Bos primigenius*), Moschusochsen, Elche, Hirsche, Gämsen, Steinböcke, Biber, Hamsterratten, Lemminge und viele andere. Diese Tiere waren in der Lage, einem rauen Klima standzuhalten und dort zu gedeihen. Als die Gletscher erneut aufbrachen und das Klima wärmer wurde, zogen sich Rentiere, Moschusochsen, Elche, Gämsen, Wildziegen, Hamsterratten und Lemminge in die hohen nördlichen Breiten in unmittelbarer Nähe des Schnees oder anderswo zurück die hohen Gipfel großer Bergketten.

Es gibt zahlreiche Belege für das Alter der Rentierzeit und dafür, dass sie unmittelbar auf die Zwischeneiszeit folgte. Die große Zahl der Rentierknochen und -hörner zeugen von einer bestimmten Epoche, und die Überreste arktischer Tiere sowie die Spuren von Gletschern lassen darauf schließen, dass das Klima anders als heute gewesen sein muss. Die Überreste des Mammuts, des Höhlenbären und des Höhlenlöwen würden nicht nur diese Zeit mit der Zwischeneiszeit in Verbindung bringen, sondern auch beweisen, dass nach der Rentier-Epoche zumindest für kurze Zeit noch einige Nachzügler existierten begonnen. Dass diese Epoche früher war als die Schweizer Seedörfer oder dänischen Muschelhügel, kann durch die Waffen oder Geräte gezeigt werden, die auf ein primitiveres Volk hinweisen, das Fehlen der Überreste des Hundes und auch durch das Fehlen von die Überreste der Rentiere in den Muschelhügeln.

Es gibt noch keine Erkenntnisse, anhand derer man sagen könnte, wie lange diese Epoche gedauert hat. Es dauerte so lange, dass die Rentiere ihre Art stark vermehren konnten.

Beweise für die Existenz des Menschen. -M. Christy und M. Lartet untersuchten gemeinsam die Höhlen in Mittel- und Südfrankreich. Die Zahl der am sorgfältigsten untersuchten Exemplare beträgt zehn und gehört zum Departement Dordogne. Im Perigord scheint es, gemessen an der Anzahl der Höhlen und Stationen, eine ziemliche Besiedlung gegeben zu haben. Die

wichtigsten sind Les Eyzies , La Madeleine, Laugerie -Haute und Laugerie -
Basse.

In Les Eyzies wurden ein Flint-Bodkin und eine Knochennadel zum Nähen
gefunden, ein mit Widerhaken versehener Pfeil aus Rentierhorn, der noch
immer in einem Knochen befestigt war, eine Flint- Pfeife aus dem ersten
Gelenk des Rentierfußes und zwei Platten davon Schiefer, auf beiden
befanden sich zerkratzte Tierformen, denen jedoch jegliche besondere
Charakteristik fehlte.

In La Madeleine wurde eine sehr große und sehr dicke Geode gefunden, die
vermutlich für ein Kochgefäß verwendet wurde, da eine Seite davon Feuer
ausgesetzt war; eine Gravur eines Rentiers auf dem Horn dieses Tieres; auf
einem anderen Horn die geschnitzten Umrisse von zwei Fischen, einer auf
jeder Seite; eine Darstellung eines Steinbocks auf der Handfläche eines
Horns; auf einem anderen eine sehr merkwürdige Gruppe, bestehend aus
einem Aal, einer menschlichen Figur und zwei Pferdeköpfen. Auf einer in
fünf Stücke zerbrochenen Elfenbeinplatte war eine Umrissskizze des
Mammuts abgebildet (Abb. 13). Dies war so genau gezeichnet, dass das
kleine Auge, die gebogenen Stoßzähne, der riesige Rüssel und die üppige
Mähne leicht zu erkennen waren. Außerdem wurde auf einer Pfeilspitze die
Figur einer Kaulquappe gefunden.

Laugerie -Haute und Laugerie -Basse gab es Werkstätten , in denen Waffen
und Gebrauchsgegenstände hergestellt wurden; und sie sind bekannt für die
Fülle an Instrumenten aus Rentierhorn. Zu den Kunstwerken, die an der
letztgenannten Station gefunden wurden, gehören das Stilett, die Nadel, der
Löffel in Form von Stäben, die sich an einem Ende verjüngen und in der
Mitte hohl sind, der Stab der Autorität, die Pfeife und die Harpune, alle aus
Horn des Rentiers. Auf dem Kopf eines Autoritätsstabes ist der Kopf eines
Mammuts geschnitzt; es gibt eine Darstellung der Hinterhand eines
pflanzenfressenden Tieres, die mit kühnem und geübtem Griff skizziert
wurde; Auf einem runden Schaft aus Rentierhorn ist ein Tierkopf von
beträchtlicher Länge mit zurückgelegten Ohren geschnitzt. Es lässt sich nicht
feststellen, für welchen Zweck dieser Schaft bestimmt war, aber da das
andere Ende spitz war und mit einem seitlichen Haken versehen war, könnte
es sich um die Harpune eines Häuptlings gehandelt haben. Auf einer
Schieferplatte war im Umriss ein Rentierkampf gezeichnet. Auf einem
Fragment einer Speerspitze ist eine Reihe menschlicher Hände zu sehen, die
nur mit vier Fingern versehen und im Halbrelief dargestellt sind. Die
Darstellungen von Fischen erfolgen hauptsächlich auf Autoritätsstäben – auf
einem davon folgt eine Reihe nacheinander.

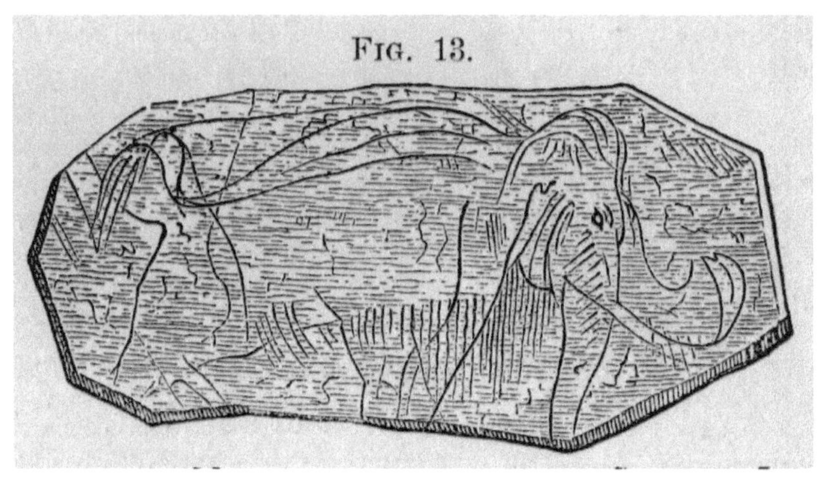

**SKIZZE EINES MAMMUTS, GEMEIßELT AUF EINER
ELFENBEINPLATTE AUS LA MADELEINE.**

Die Höhlen- und *Felsunterkünfte* von Bruniquel (Tarn-et-Garonne) wurden von kompetenten Forschern sorgfältig untersucht. Diese Relikte sind so zahlreich, dass M. de Lastic , der Besitzer der Höhle, fünfzehnhundert Exemplare aller Art, die auf seinem Grundstück gefunden worden waren, an den Agenten des British Museum verkaufte. In der Höhle wurden, in einen Knochen eingraviert, ein deutlich erkennbarer Pferdekopf und ein Rentierkopf sowie Dolche aus Elfenbein und Knochen gefunden, auf denen sich Darstellungen der oben genannten Tiere befanden. Die Gravuren befinden sich meist auf dem Horn des Rentiers. Die Höhle beherbergte auch zwei fast perfekte menschliche Schädel und zwei Kieferknochen, die dem Moulin- Quignon ähneln .

Bei den *Felsunterständen* handelt es sich um überhängende Felsen, unter deren Vorsprüngen der Mensch einen Unterschlupf fand und aus Ästen und Stöcken seine einfachen Behausungen errichtete. In diesen Unterständen wurden Feuerstellen, Angelhaken aus Knochensplittern, Sägen aus Feuerstein, eine vollständige Skizze des Mammuts, eingraviert in Rentierhorn, der Griff eines Dolches in Form eines Rentiers und die Höhle gefunden -Löwe, mit großer Klarheit eingraviert, auf einem Fragment eines Autoritätsstabes und zwei Dolche aus Elfenbein.

Bei den Ausgrabungen, die in den Felsunterständen durchgeführt wurden, wurde eine Menge menschlicher Knochen gefunden, darunter zwei Schädel – einer von einem alten Mann, der andere von einem Erwachsenen.

Die Höhle von Gourdan (Haute-Garonne) enthielt die größte jemals entdeckte Sammlung von Geräten aus Knochen und Horn. Die Steine und

Rentierhörner sind mit großer Sorgfalt geschnitzt und zeugen von einem hohen Maß an künstlerischem Geschmack. Es gibt Skizzen von Rentieren, Hirschen, Gämsen, Ziegen, Bisons, Pferden, Wölfen, Wildschweinen, Affen, Dachsen, Antilopen, Fischen und Vögeln sowie Darstellungen einiger Pflanzen. In der untersten Bodenschicht entstehen die vollkommensten Werke, und je näher man der Oberfläche kommt, desto weniger wachsen sie. Es gab mehrere dieser Geräte, die „Befehlsstäbe" genannt wurden und mit Tierköpfen verziert waren. Auf der Rippe eines Pferdes war eine Antilope geschnitzt und auf dem Knochen eines Vogels verschiedene Figuren – Pflanzen, Rentiere und ein Fisch. Diese Höhle wurde Gegenstand eines Berichts von M. Piette vor der Pariser Anthropologischen Gesellschaft.

ABB. 14.
DER FOSSILE MANN VON MENTONE.

Der fossile Mensch von Mentone, der seit einiger Zeit in einer Grotte von Mentone, einem Dorf in der Nähe von Nizza, gefunden wurde, hat bei Wissenschaftlern viel Aufsehen erregt. Das Skelett wurde in ungestörter Erde entdeckt; in einer Tiefe von 21 Fuß. Der Grund für die Diskussion ist, dass das Skelett von einer Vielzahl von Knochenwerkzeugen, Nadeln, Meißeln, einem Befehlsstab, einer Halskette und verschiedenen Hirscharten begleitet wird, was auf die Rentier-Epoche hinweist, aber auch von Überresten des Skeletts umgeben ist Höhlenbär, Höhlenhyäne und Wollhaarnashorn. Dr. Garrigou kommt zu dem Schluss, dass diese Höhle erstmals von Menschen der vorangegangenen Epoche oder der Zwischeneiszeit bewohnt wurde und während der Rentierzeit als Begräbnisstätte genutzt wurde. [64] Die Haltung des Skeletts war die der Ruhe (siehe Abb. 14). Es war mit Eisenoxid befleckt. Die Schienbeine oder Schienbeinknochen weisen ein auffälliges Merkmal auf, da sie stärker abgeflacht sind als bei den heutigen Europäern.

In der gleichen Nachbarschaft wurden kürzlich in verschiedenen Höhlen vier weitere menschliche Skelette entdeckt. Sie waren alle mit Eisenoxid befleckt, und zwei von ihnen waren mit durchbohrten Muscheln und Hirschzähnen umgeben, die Reste von Halsketten und Armbändern darstellten. Bei einem Skelett, das einem großen Individuum gehörte, wurden Werkzeuge aus Stein und Knochen, Zähne eines Höhlenbären, Knochen anderer Tiere und Schalen essbarer Meeresmollusken entdeckt. Bei den anderen beiden Skeletten handelte es sich um Kinderskelette, denen weder Geräte noch Schmuck beigefügt waren.

Die anderen Knochenhöhlen Frankreichs, die viele wertvolle Informationen geliefert haben und zu dieser Epoche gehören, sind: La Gorge d'Enfer , Liveyre , Pey de l'Aze , Combe-Granal , Le Moustier und Badegoule (Dordogne), Höhle von Bize (Aude), Höhle von La Vache (Ariége), Höhle von Savigné (Vienne), Grotten von La Balme und Bethenas , in Dauphiné die Siedlung Solutré , die Höhle von Lourdes (Hautes- Pyrénées) und die Höhle von Espalungue (Basses- Pyrénées) – die letzten beiden stammen aus der ältesten Zeit der Rentierzeit.

Die wichtigsten Gegenstände, die in diesen Höhlen und in den Felsunterständen gefunden werden, sind bearbeitete Flocken, Schaber, Kerne, Ahlen, Lanzenköpfe, Messer, Hämmer und Mörtelsteine. Diese Werke sind zwar unpoliert, aber kaum roher als die der Esquimaux oder der nordamerikanischen Indianer.

Belgische Höhlen. — Unter der Schirmherrschaft der belgischen Regierung untersuchte M. Edward Dupont mehr als zwanzig Höhlen an den Ufern der Lesse in der Provinz Namur. Darunter waren vier, in denen zahlreiche Spuren des Rentiermenschen vorkamen, nämlich Trou du Frontal, Trou Rosette, Trou des Nutons und Trou de Chaleux .

Die Höhle Trou de Frontal war eine Grabstätte und ähnelte der Höhle von Aurignac. Der Eingang der Höhle war mit einer Sandsteinplatte verschlossen, und darin befanden sich die Überreste von vierzehn menschlichen Wesen unterschiedlichen Alters, einige von ihnen waren kaum ein Jahr alte Kleinkinder. Vor der Höhle befand sich eine Esplanade, auf der die Beerdigungsfeste gefeiert wurden und die durch Herdsteine, Feuerspuren, Feuersteinmesser, Tierknochen, Muscheln usw. gekennzeichnet war. Die menschlichen Knochen waren in einer beträchtlichen Anzahl vermischt der Knochen von Rentieren und anderen Tieren sowie die verschiedenen Arten von Geräten. Unter den Überresten befanden sich zwei perfekte menschliche Schädel in gutem

Erhaltungszustand. Die Knochen wurden in einem Zustand großer Verwirrung entdeckt, der laut M. Dupont durch die Störung des Wassers verursacht wurde. Sir John Lubbock geht davon aus, dass die Knochenstörung auf Füchse und Dachse zurückzuführen ist. [65]

Unmittelbar über dieser Höhle befindet sich die Trou-Rosette, in der die Knochen von drei Personen zusammen mit denen von Rentieren und Bibern gefunden wurden. Es enthielt auch Fragmente einer schwärzlichen Tonkeramik, die in rauen Rillen ausgehöhlt und durch Feuer gehärtet war. Dupont ist der Meinung, dass die drei Männer bei der Überschwemmung des Tals der Lesse von Felsmassen erdrückt wurden .

In den Trou des Nutons , 164 Fuß über der Lesse gelegen , wurden zahlreiche Knochen von Rentieren, Wildbullen und vielen anderen Arten gefunden. In der Höhle befanden sich, wahllos vermischt mit diesen Knochen, einhundertfünfzig bearbeitete Rentierhörner, auf beiden Seiten polierte Knöchelknochen einer Ziege, eine Pfeife aus dem Schienbein einer Ziege, Fragmente sehr grober Keramik und Feuer -Herde.

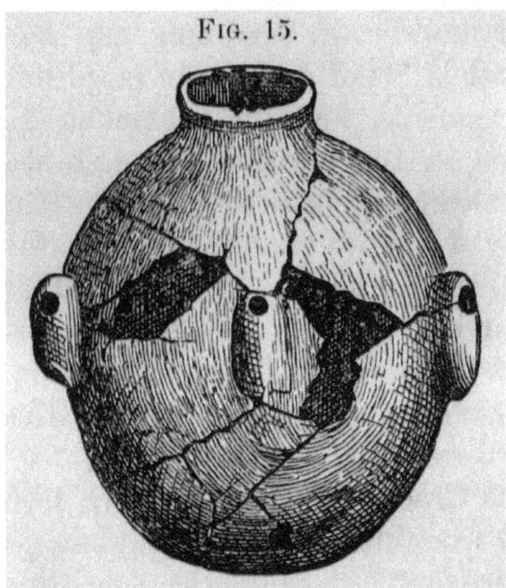

ABB. 15.

IRDENE VASE, GEFUNDEN IN DER HÖHLE VON FURFOOZ , BELGIEN.

Die Höhle von Chaleux wurde von einer Schuttmasse begraben, die durch den Einsturz des Daches entstanden war, so dass alle ihre Geräte erhalten blieben. Es wurden gespaltene Knochen von Säugetieren sowie Knochen von Vögeln und Fischen gefunden. Es gab eine immense Anzahl von Gegenständen, die hauptsächlich aus Rentierhorn hergestellt wurden, wie Nadeln, Pfeilspitzen, Dolche und Haken. Darüber hinaus gab es Ornamente aus Muscheln, Schieferstücke mit eingravierten Figuren, mathematischen Linien, Überreste sehr grober Keramik, Herdsteine, Asche, Holzkohle und nicht zuletzt dreißigtausend bearbeitete Feuersteine, vermischt mit den gebrochenen Knochen. In der Feuerstelle in der Mitte der Höhle wurde ein Stein entdeckt, auf dem bestimmte, aber unverständliche Zeichen eingraviert waren. M. Dupont fand auch etwa zwanzig Pfund Knochen der Wasserratte, entweder verbrannt oder geröstet.

In einer Höhle bei Furfooz fand Dupont eine Urne oder ein Exemplar grober Keramik (Abb. 15), vermischt mit menschlichen Knochen. Es war teilweise kaputt; Durch die Sorgfalt von M. Hauzeur wurde es wieder zusammengesetzt.

Frankreich und Belgien sind mit ihren Denkmälern aus der Rentierzeit nicht allein, denn Siedlungen dieser Epoche wurden in Deutschland, der Schweiz und Polen entdeckt.

In der Höhle von Thayngen in der Nähe von Schaffhausen in der Schweiz wurden einige Überreste von Mammuts, Nashörnern und Höhlenlöwen entdeckt. die Überreste von zweihundertfünfzig Rentieren, vierhundertdreißig Alpenhasen; außerdem die Überreste von Braunbären, Hirschen, Elchen, Auerochsen , Vielfraßen, Wölfen und verschiedenen Fuchsarten. Die großen Knochen lagen immer in Bruchstücken vor, und die Kieselsteine, mit denen sie zerbrochen wurden, wurden im Abfall gefunden. Bei den Vögeln überwiegen die Knochen von Schwan, Schneehuhn und Ente. Die Werkzeuge bestanden hauptsächlich aus Nadeln, Stechnadeln und Pfeilspitzen aus Rentiergeweihen. Die Kunst des Gravierens und Schnitzens wurde bis zu einem gewissen Grad zur Perfektion gebracht. Das bemerkenswerteste dieser Objekte ist die Darstellung eines Rentiers beim Weiden, gezeichnet auf ein Stück Horn dieses Tieres.

Unweit von Krakau (Polen) wurde kürzlich eine Höhle entdeckt und von Graf Zawisza untersucht. Im oberen Teil des Bodens (vier Fuß tief), der aus Pflanzenerde, Schimmel und *Schutt bestand* , befanden sich Asche, Feuersteingeräte und die gespaltenen Knochen von Höhlenbären, Rentieren, Pferden, Elchen und anderen Tieren. Unter dieser Schicht erschienen die gebrochenen Knochen des Mammuts, ein Schmuckstück aus Elfenbein und die durchbohrten Zähne von Höhlenbären, Hirschen, Elchen, Wölfen und Füchsen. Es wurden zweitausend Feuersteingeräte beschafft; und aufgrund des häufigen Vorkommens von Feuerstein wurde die Höhle von den Troglodyten oder Höhlenmenschen als Wohnstätte genutzt; und durch die Überreste der Fauna muss es während der Zwischeneiszeit und zu Beginn der Rentierzeit besiedelt gewesen sein.

KAPITEL IX.

MANN DER RENTIER-EPOCHE.

Die Rentier-Epoche, die näher an die Gegenwart heranrückt als die bereits aufgezählten, stellt den Menschen in einem günstigeren Licht dar und gewährt einen besseren Überblick über seine Charakterzüge und seine Lebensweise. Nicht nur das robuste Klima spornt ihn zum Handeln an, auch ein höherer Typ verdrängt die ursprünglichen Wilden. Der Brachyzephale oder Rundköpfige ist in die Tiefen dieses wilden Landes vorgedrungen und hat die Kunst mitgebracht, perfektere Geräte herzustellen. Dieser neue Typ war kleinwüchsig und hatte kleine Hände und Füße. Wenn Asien die Heimat des Menschen ist, dann kam aus diesem Land mit fortgeschrittener Zivilisation die Avantgarde, die dazu bestimmt war, ihre Vorgänger zu verdrängen, die wilden Tiere zu zähmen und die Wälder zu erobern. Vertreter dieser Art finden sich bei den Lappen und Finnen. Zwischen den beiden existierenden Rassen – den Dolichozephalen und den Brachyzephalen – gab es möglicherweise einen langen und erbitterten Streit. Ersterer war groß, kräftig, furchtlos und grausam; Letzterer ist klein, robust und intelligenter. Es war ein Konflikt zwischen roher Gewalt und Intelligenz. Die vollkommeneren Waffen müssen den rauen Äxten und Pfeilen der Dolichozephalen furchterregend gegenübergestanden haben. Es konnte sich nicht um einen Vernichtungskrieg gehandelt haben, denn schließlich kam es zu einer Vermischung, bei der ein Medium entstand, wie aus den exhumierten Schädeln hervorgeht.

Wohnungen. — Wie in früheren Zeiten lebten die Menschen auch weiterhin überwiegend in Höhlen. Wenn die Höhle klein war, nahm er jeden Teil ein; aber wenn es groß war, wurde nur der Teil in der Nähe der Öffnung verwendet. In der Mitte dieser Wohnung baute er aus in den Boden eingelassenen Steinen eine Feuerstelle, auf der er mit dem Feuer seine Mahlzeiten kochte und seinen Körper wärmte. Diese Lebensweise befriedigte ihn nicht immer, denn er wagte sich hinaus und baute sich unter dem Vorsprung eines überhängenden Felsens eine Hütte oder eine einfache Hütte aus Zweigen und umgestürzten Holzstangen. Diese Behausungen befanden sich in Höhlen oder unter Felsen in der Nähe eines Baches.

Kleidung. — Da das Klima kalt war, verwendete er wahrscheinlich nicht mehr die innere Rinde der Bäume und verließ sich ausschließlich auf die Häute von Tieren. Die Häute wurden mit Feuersteinschabern präpariert und dann durch Einreiben des Gehirns und des Marks, das aus den Schädeln und langen Knochen der Rentiere gewonnen wurde, geschmeidig gemacht. Diese Kleidungsstücke könnten künstlerisch gestaltet gewesen sein, denn sie verstanden sich auf die Kunst des Nähens. Mit dem Bodkin durchbohrten sie die Haut, und mit der Nadel hielten sie Ende an Ende und von Seite zu Seite und machten dasselbe durch die Sehne eines Tieres dauerhaft.

Essen. — Diese Menschen waren im Wesentlichen Jäger und ernährten sich hauptsächlich von Rentieren, die sie mit ihren Speeren und Pfeilen angriffen. Pferde, Elche, Ochsen, Steinböcke und Gämsen bildeten einen beträchtlichen Teil ihrer Nahrung. Das Fleisch wurde auf den rauen Herden gegart, und der Schädel und die langen Knochen wurden aufgespalten, um Gehirn und Mark herauszulösen, was ein köstliches Gericht ergab. Dazu kamen noch Fische und gelegentlich auch bestimmte Vögel, etwa der Heidehahn, der Schwan und die Eule. Die Jagd brachte ihnen nicht immer ausreichend Nahrung, und manchmal waren sie gezwungen, sich von der Wasserratte zu ernähren.

Es liegen genügend Beweise vor, die zeigen, dass es sich bei diesen Menschen um Kannibalen handelte. In Solutré im Mâconnais wurden unter den Überresten von Kocharbeiten menschliche Fingergelenke entdeckt . M. Issel fand an einer Stelle auf der Straße von Genua nach Nizza einige menschliche Knochen, die verkalkt waren und weißlich, hell und bröckelig waren. Die Verkrustungen auf ihrer Oberfläche enthielten noch kleine Kohlenstofffragmente, und einige von ihnen zeigten Kerben, die von einem scharfen Instrument verursacht worden waren. In einer der Grotten Norditaliens fand M. Costa de Beauregard den kleinen Schienbeinknochen eines Kindes, der sorgfältig ausgeleert und gereinigt worden war. Professor Owen glaubt, die Spuren menschlicher Zähne auf einigen in Schottland gefundenen menschlichen Schädeln und Kinderknochen erkennen zu können, die vermischt mit geformten Feuersteinen und Keramikresten vermischt sind.

Die Künste. — Der Mensch hatte den Wert von Metall noch nicht erkannt, sondern formte seine Instrumente aus Feuerstein, Knochen und dem Horn des Rentiers. Das Beil wurde nur wenig benutzt, und die Hauptwaffen waren das Feuersteinmesser, Pfeilspitzen und gelegentlich der Unterkieferknochen des Höhlenbären mit seinem spitzen Eckzahn. Bei den Haushaltsgegenständen handelte es sich um grobe Töpferwaren, Messer, Schaber, Sägen, Messer, Nadeln und andere geschmiedete Geräte. Er hatte Gegenstände, um seinen Körper zu schmücken und seine Fantasie zu erfreuen, wie Muscheln für Perlen und die Pfeife, um sein Ohr zu erfreuen. Die Kunst des Gravierens wurde in großem Umfang praktiziert , und er führte seine Entwürfe so bewundernswert aus, dass die Figuren nach Ablauf von Tausenden von Jahren leicht wiederzuerkennen sind.

Der Stab der Autorität würde bedeuten, dass es bestimmte Personen gab, die als Häuptlinge oder Anführer anerkannt wurden. Irgendein System muss sich durchgesetzt haben, denn ohne es hätten die Manufakturen in Laugerie -

Basse und Laugerie -Haute nicht weitergeführt werden können. In der ersten dieser Werkstätten handelte es sich fast ausschließlich um Speerspitzen, und in der zweiten wurden Rentierhörner für die Waffen und Geräte verwendet.

Verkehr. — Der Handel wurde begonnen. Die Einwohner Belgiens suchten ihre Feuersteine in dem Teil Frankreichs, der heute Champagne heißt. Aus derselben Fundstelle brachten sie auch fossile Muscheln mit, die aneinandergereiht und für Halsketten verwendet wurden. Daran besteht kein Zweifel, da in Chaleux bereits 54 dieser Muscheln gefunden wurden und sie nirgendwo anders als in der Champagne natürlich vorkommen.

Beerdigung. — Wie in der vorangegangenen Epoche wurden die Toten in Höhlen derselben Art beigesetzt, die auch als Wohnhöhlen dienten, und die Beisetzung wurde durch das Begräbnisfest gefeiert. Diese Bankette bieten keinen Hinweis auf einen Gottesdienst. Einige glaubten, nicht nur in den Banketten, sondern auch in einigen Schnitzereien Zeichen der Anbetung gesehen zu haben. Es wurden keine Idole gefunden. Dass sie keine Vorstellung von einem zukünftigen Staat haben sollten, ist nicht überraschend, denn Sir J. Lubbock hat gezeigt, dass es heutzutage Stämme ohne diesen Glauben gibt. [66]

M. Edward Dupont hat in seinem Bericht an den belgischen Innenminister über die in den Höhlen durchgeführten Ausgrabungen prägnant, aber beredt eine Zusammenfassung des Menschen der Rentier-Epoche in folgender Sprache gegeben:

„Die aus den Fossilien von Chaleux gewonnenen Daten liefern uns zusammen mit denen, die in den Höhlen von Furfooz gefunden wurden , ein eindrucksvolles Bild der Urzeit der Menschheit in Belgien Jahrtausende lang in Vergessenheit geraten, werden uns wieder lebendig vor Augen geführt; und ... die Antike lebt in den Relikten ihrer früheren Existenz wieder auf.

„Wir könnten uns fast vorstellen, dass wir sie in ihren dunklen und unterirdischen Rückzugsorten sehen können, wie sie um ihre Feuerstellen kauern und geschickt und geduldig ihre Feuersteininstrumente herausschlagen und ihre Rentierhornwerkzeuge formen, inmitten all der pestilenten Ausstrahlungen, die von ihnen ausgehen Verschiedene Tierreste, die durch Nachlässigkeit in ihren Behausungen zurückgeblieben sind. Häute wilder Tiere werden enthaart und mit Hilfe von Feuersteinnadeln in Kleidungsstücke umgewandelt. Vor unserem geistigen Auge können wir sie bei der Arbeit sehen Jagen und Jagen wilder Tiere – ihre einzigen Waffen sind Pfeile und Speere, deren tödliche Spitzen aus nichts anderem als einem Feuersteinsplitter bestehen. Auch hier sind wir bei ihren Festen anwesend, bei denen sie während der Zeit, in der sie gejagt haben Zum Glück wird ein Pferd, ein Bär oder ein Rentier zum edleren Ersatz für das verdorbene Fleisch der Ratte, ihre einzige Ressource in Zeiten der Hungersnot.

„Jetzt sehen wir, wie sie mit den Stämmen handeln, die in der Region leben, die heute Frankreich heißt, und wie sie sich die Muscheln und fossilen Muscheln beschaffen, mit denen sie sich gerne schmücken, und den Feuerstein, der für sie ein so kostbares Material ist. Auf der einen Seite pflücken sie." Auf der anderen Seite graben sie die großen Sandsteinplatten aus, die als Herdsteine um ihr Feuer gelegt werden sollen.

„Aber leider kommen ungünstige Tage." Das Dach ihrer Haupthöhle stürzt ein, begräbt ihre Waffen und Utensilien und zwingt sie, „zu fliehen und sich an einem anderen Ort niederzulassen. Die Verwüstungen des Todes brechen über sie herein ... Sie tragen den Leichnam in sein höhlenartiges Grab. " ; einige Waffen, ein Amulett und vielleicht eine Urne bilden das gesamte Grabmobiliar. Eine Steinplatte verhindert das Eindringen wilder Tiere. Dann beginnt das Beerdigungsbankett, das in der Nähe der Behausung des Toten gefeiert wird; ein Feuer wird angezündet , große Tiere werden zerschnitten und Teile ihres rauchenden Fleisches an jeden verteilt. Wie seltsam die Zeremonien waren, die damals stattgefunden haben müssen! Zeremonien wie die, die uns von den Wilden der indischen und afrikanischen Einsamkeit erzählt wurden. Die Fantasie kann sich die Lieder leicht vorstellen , die Tänze und die Anrufungen, aber die Wissenschaft ist machtlos, sie ins Leben zu rufen ...

„Aber das Ende dieses Urzeitalters ist endlich gekommen. Sturzbäche von Wasser brechen über das Land herein. Seine aus ihren Wohnorten vertriebenen Bewohner suchen vergeblich Zuflucht auf den hohen Berggipfeln. Endlich überkommt sie der Tod und eine dunkle Höhle." ist das Grab der elenden Wesen, die in Furfooz Zeugen dieser gewaltigen Katastrophe waren." [67]

KAPITEL X.

NEOLITHISCHE EPOCHE.

Das Neolithikum oder die Epoche der gezähmten Tiere ist geprägt von Steingeräten, die durch Schleifen und Schneiden poliert oder geglättet wurden, der größeren Entwicklung der Töpferkunst und dem Vorhandensein der Knochen domestizierter Tiere. Dieses Zeitalter, in dem keine Überreste des Rentiers vorkommen, folgt unmittelbar auf die Rentier-Epoche, und auf sie beziehen sich im Allgemeinen alle Entdeckungen, die in der sogenannten Rentier-Epoche gemacht wurden *Schwemmland*, die ältesten Überreste der sogenannten Kelten, die Muschelhaufen Dänemarks, die Tumuli oder Grabhügel, die Dolmen, die früheren Schweizer Pfahlbauten, die irischen Pfahlbauten und einige Höhlen Frankreichs .

Höhlen. — Die aus dieser Zeit stammenden und von MM erforschten Höhlen. Garrigou und Filhol sind die der Pyrenäen und die Höhlen von Pradiérs , Bedeilhac , Labart , Niaux , Ussat und Fontanel. Einige dieser Höhlen wurden bereits in früheren Zeiten genutzt, wie die Überreste ausgestorbener Säugetiere belegen. Die obere Kruste der Höhlenböden stammt aus dieser Zeit und in ihnen wurden die Knochen von Ochsen, Hirschen, Schafen, Ziegen, Antilopen, Gämsen, Wildschweinen, Wölfen, Hunden, Füchsen, Dachsen, Hasen und Pferden gefunden , vermischt mit den Überresten von Feuerstellen, auch Durchstecher, Speerspitzen und Pfeilspitzen, aus Knochen; Beile, Messer, Schaber aus Feuerstein und verschiedenen anderen Substanzen wie Kieselschiefer, Quarzit, Leptinit und Serpentinstein. Diese Geräte wurden sorgfältig bearbeitet und größtenteils poliert.

Die Höhle von Saint Jean d'Alcas (Aveyron), die zu verschiedenen Zeiten von M. Cazalis de Fondace erforscht wurde , diente als Grabstätte. Die erste Untersuchung erfolgte vor etwa 25 Jahren. Damals wurden fünf menschliche Schädel in gutem Erhaltungszustand gefunden, die jedoch verloren gegangen sind, da ihre Bedeutung damals noch nicht bekannt war. Unter diesen Knochen befanden sich Feuerstein-, Jade- und Serpentinengeräte, geschnitzte Knochen, Reste grober Keramik, Steinamulette und Muschelschalen, aber keine Überreste von Bestattungsbanketten. Am Eingang der Höhle lagen zwei große Steinplatten übereinander. Die jüngsten Entdeckungen in der Höhle haben metallische Substanzen geliefert, die sie als Behausung in die letzte Phase des Neolithikums einordnen würden.

Dänisch: Kjökken-Möddings oder Muschelhügel oder Küchenabfallhaufen . — Die Müllhaufen Dänemarks wurden von den Professoren Steenstrup , dem Naturforscher, Forcemmer , einem Geologen, und Worsaae , dem

Archäologen , im Auftrag der dänischen Regierung sorgfältig untersucht und ihre Berichte der Akademie der Wissenschaften in Kopenhagen vorgelegt.

Sie kommen hauptsächlich an der Nordküste Dänemarks vor und bestehen aus den Schalen essbarer Weichtiere wie Austern, Herzmuscheln, Muscheln und Immergrün. Diese Ablagerungen sind drei bis zehn Fuß dick, 100 bis 250 Fuß breit und manchmal bis zu 1000 Fuß lang. In ihnen werden Waffen und andere Instrumente aus Stein, Horn und Knochen gefunden; Fragmente grober Keramik, Steinkeile, Messer usw. in großer Menge, begleitet von Holzkohle und Asche; Keine Spuren von Münzen, Bronze oder Eisen oder Haustieren, außer dem Hund. Die Knochen von Tieren sind sehr zahlreich, menschliche Knochen wurden jedoch nie entdeckt. Professor Steenstrup schätzt, dass es siebenundneunzig Prozent sind. Die Knochen stammen vom Hirsch, vom Reh und vom Wildschwein. Die anderen Überreste sind die des Urus (*Bos primigenius*), des Hundes, des Fuchses, des Wolfes, des Marders, der Wildkatze, des Igels, des Bären (*Ursus arctos*) und der Maus sowie die Knochen von Vögeln und Fischen. Auerochse , Moschusochse, Hausochse, Elch , Hase, Schaf und Hausschwein fehlen.

Die Mollusken dieser Muschelhügel haben eine Größe, die die heute an der Ostsee lebenden Vertreter derselben Art nie erreichen. Sie sind nicht mehr als die Hälfte oder sogar ein Drittel so groß. Zur Zeit der Entstehung dieser Hügel war die Ostsee ein echtes Meer bzw. ein Meeresarm, aus dem diese Mollusken entnommen wurden. Nun hat die Ostsee nicht den Charakter eines echten Meeres, sondern ist lediglich brackig, und die Auster kommt in der Ostsee nur an ihrer Mündung in den Ozean vor.

Diese Ablagerungen wurden mehrere Meilen landeinwärts gefunden, was darauf schließen lässt, dass der dazwischenliegende Raum einst vom Meer bedeckt war. An der Westküste wurden sie nicht gefunden, da sie möglicherweise durch die Übergriffe des Meeres weggeschwemmt wurden. Man findet sie auch auf den angrenzenden Inseln.

Diese Hügel sind nicht nur Dänemark eigen; denn man findet sie in England, Schottland, Frankreich und Amerika.

Dänische Torfmoore . – Die Torfmoore Dänemarks, die Professor Steenstrup so sorgfältig untersucht hat , weisen drei Ablagerungsperioden auf. Die älteste wird *Waldtanne genannt* ; die zweite, direkt darüber, die *Eiche* , und die oberste, die *Buche* . Der Torf ist zwischen zehn und vierzig Fuß dick, und die Bildung einer zehn bis zwanzig Fuß dicken Schicht würde laut Steenstrup *mindestens viertausend* Jahre und vielleicht sogar das Drei- bis Vierfache dieser Zeitdauer erfordern. [68] Diese drei Epochen bezeichnen drei Zeitabschnitte. Die unterste gehört zur Jungsteinzeit, die mittlere zur Bronzezeit und die letzte zur Eisenzeit. In der untersten oder *Tannenperiode* wurden bearbeitete Feuersteine und Knochen gefunden. Es wurden menschliche Knochen gefunden, die mit den Knochen aus den Grabhügeln dieser Epoche übereinstimmen.

Die Pfahlbauten der Schweiz. — Dr. Ferdinand Keller und seine Mitarbeiter haben der Welt die wunderbaren Überreste von Dörfern an den Seen der Schweiz und anderer Länder bekannt gemacht. Die Dörfer der Schweiz gehören nicht alle zur gleichen Zeit, sondern repräsentieren die Jungsteinzeit, die Bronze- und die Eisenzeit; aber es gab keine feste Trennlinie zwischen diesen drei Perioden. Diese Siedlungen sind so zahlreich, dass allein in der Schweiz mehr als zweihundert Siedlungen entdeckt wurden. Zu den Seen, aus denen diese Überreste stammen, zählen der Neuenburgersee (46 Siedlungen); Bodensee (32 Siedlungen); Genfersee (24 Siedlungen); Bielersee (21 Siedlungen); Murtensee (sechzehn Siedlungen) ; Zürichsee (drei Siedlungen); Pfæffikoner See (sechs Siedlungen); Sempachersee (sechs Siedlungen) ; Moosseedorfer See (zwei Siedlungen); Lake of Inkwyl (eine Siedlung); Nußbaumener See (eine Siedlung); Greiffensee (eine Siedlung) ; Zugersee (sechs Siedlungen); Baldegger See (fünf Siedlungen) und andere.

Die zum Neolithikum gehörenden Siedlungen sind Bodensee dreißig, Neuenburg zwölf, Genf zwei Siedlungen; je eine in Murten , Biel, Zürich , Pfæffikon , Inkwyl , Moosseedorf , Nussbaumen , die Siedlung Concise, die Brücke Thiéle , das Torfmoor Wauwyl und andere.

Diese Behausungen wurden in Ufernähe auf Pfählen verschiedener Holzarten errichtet, mit Werkzeugen und Feuer geschärft und am flachen Grund des Sees in den Schlamm gerammt. In einigen Siedlungen wurden die Pfähle durch aufgeschichtete Steine befestigt. Die Stapel wurden manchmal zusammen, manchmal getrennt platziert. Die Köpfe wurden auf eine Ebene gebracht und dann wurden die Plattformbalken darauf befestigt. Diese Grundlage diente als Fundament für die von ihnen errichteten einfachen rechteckigen Hütten. Diese Pfähle sind jetzt nicht über dem Wasser zu sehen, aber über dem Grund des Sees sind sie sichtbar. Die Anzahl der Pfähle in einigen dieser Siedlungen beträgt bis zu einhunderttausend, und die belegte Fläche beträgt nicht weniger als siebzigtausend Quadratmeter. Es wurde geschätzt, dass die Bevölkerung der Seedörfer während des Neolithikums über dreißigtausend betrug.

Der Zweck dieser Behausungen bestand darin, die Bewohner vor wilden Tieren und Angriffen von Feinden zu schützen und durch Fischfang leicht an Nahrung zu gelangen. Sie wurden nicht nur von den Bewohnern, sondern auch von ihren Herden und den Futtervorräten bewohnt. [69]

Robenhausen . — Es ist nicht notwendig, auf eine Reihe dieser Siedlungen einzugehen, um die neolithische Epoche darzustellen, denn die Siedlung in Robenhausen (Pfäffikoner See) steht an erster Stelle, wenn es um die häuslichen Einrichtungen der alten Bewohner geht. Diese Siedlung umfasste eine Fläche von fast drei Hektar und für die gesamte Struktur wurden hunderttausend Pfähle verwendet. Seine Form war ein unregelmäßiges Viereck. Es war etwa zweitausend Schritte vom alten Westufer des Sees und etwa dreitausend Schritte vom Ufer in der entgegengesetzten Richtung entfernt. Mit der letztgenannten Seite bestand eine Verbindung über eine Brücke, deren Pfeiler noch sichtbar sind. Auf dieser Seite befanden sich die Gärten und Weiden. Die Bewohner dieser Siedlung hatten Pech, da ihre Behausung zweimal niedergebrannt wurde und sie sich jedes Mal versammelten und ihre Hütten wieder aufbauten. Sie blieben lange erhalten, wie die Tiefe des Torfs und die große Menge der gefundenen Relikte vermuten lassen.

In einer Tiefe von elf Fuß wurden die frühesten oder ältesten Relikte gefunden; in zehneinhalb Fuß Höhe die Überreste der ersten Feuersbrunst – Holzkohle, Stein- und Knochengeräte, Töpferwaren, gewebte Stoffe, Mais, Äpfel usw.; in einer Höhe von siebeneinhalb Fuß Bodenbelag, Relikte der zweiten Siedlung und Exkremente von Kühen, Schafen und Ziegen; bei sechseinhalb Fuß Überreste der zweiten Feuersbrunst – Holzkohle, Stein- und Knochengeräte, Töpferwaren, gewebte Stoffe, Mais, Äpfel usw.; in einer Höhe von dreieinhalb Fuß zerbrochene Steine, Fußböden und Relikte der dritten Siedlung; Bei zweieinhalb Fuß, Steinkelten, Töpferwaren, aber keine Spuren von Feuer. Darüber befanden sich zwei Fuß Torf und ein halber Fuß Schimmel .

Ohne ins Detail zu gehen, handelt es sich bei den in diesen verschiedenen Betten gefundenen Gegenständen um die folgenden: Aus Holz gefertigt sind Messer, Schöpfkellen, Teller und Keulen aus Esche, in denen ein Sockel aus Hirschhorn befestigt ist, der einen steinernen Kelten, ein Boot aus Holz, enthält ein einzelner Stamm, zwölf Fuß lang, zweieinhalb Fuß breit und fünf Zoll tief, Dreschflegel zum Ausdreschen von Getreide, an beiden Enden eingekerbte Bögen, Angelgeräte, Schwimmer zum Halten von Netzen, Aufhängehaken, Wannen, Meißel, Sandalen, Joche zum Tragen von Gefäßen und ein besonderer Schmuck. Diese Geräte wurden alle aus Eibe, Ahorn, Esche, Tanne und der Wurzel des Haselstrauchs hergestellt. Aus Hirschhorn – Pfeilspitzen, Dolche, Stech- und Schabewerkzeuge, Geräte zum Stricken und für die Landwirtschaft. Die Steingeräte waren poliert und hatten die übliche Form. Bei den Tongegenständen handelte es sich um Tonscherben in Form von Urnen, Tellern und Bechern, die in großer Menge vorhanden waren. Es wurden auch Löffel und ein perforierter Kegel gefunden, der vermutlich als Gewicht für den Webstuhl diente. Es wurden mehrere Tiegel oder Schmelztiegel gefunden, die zum Schmelzen von Kupfer verwendet wurden. Das dritte Gebäude dieses Dorfes befand sich im Grenzgebiet zwischen Stein- und Bronzezeit.

Moosseedorf und Wauwyl gefundenen Tierreste stammen alle aus der Jungsteinzeit und gehören zu Braunbär, Dachs, Marder, Baummarder, Iltis, Wolf, Fuchs, Wildkatze, Biber, Elch, Urus, Bison und Hirsch , Rehe, Wildschweine, Sumpfschweine; Die Haustiere waren Eber, Pferd, Ochse, Ziege, Schaf und Hund. Die Überreste des Hausschweins fehlen in allen Pfahlwerken dieser Zeit, mit Ausnahme der in Wauwyl .

Unter Getreide (Robenhausen) wurden mehrere Sorten Weizen und Gerste gefunden; Früchte und Beeren – Elsbeere, Heckenrose, Holunder, Heidelbeere und Wanderbaum; die Nüsse – Haselnuss, Buche und Wasserkastanie; die ölproduzierenden Pflanzen – Opium oder Gartenmohn und Hartriegel; die faserigen Pflanzen – Flachs; Pflanzen zum Färben – Schweißen; Waldbäume und Sträucher – Weißtanne, Wacholder, Eibe, Esche und Eiche; Wasser- und Sumpfpflanzen – See- Sirpus , Laichkraut, Gewöhnliches Hornkraut, Sumpf-Labkraut, Ackerbohne, Gelbe Seerose, Efeublättriger Hahnenfuß und Sumpf-Wassernabel.

Darüber hinaus wurden viele Exemplare geflochtener und gewebter Stoffe gefunden; außerdem Seile, Schnüre und eine Portion Leinsamenkuchen. [70]

In den verschiedenen Siedlungen gibt es dieselben Äxte und Messer, die jedoch von geringer Größe sind. Die Pfeilspitzen und Sägen sind eine Verbesserung gegenüber denen der vorangegangenen Epoche. Unter den häuslichen Geräten gab es in manchen Dörfern reichlich Spindelwirtel aus grobem Steingut, und gelegentlich trifft man auf Maisbrecher mit einem Durchmesser von zwei bis drei Zoll. In Wauwyl wurden etwa fünfhundert Steingeräte gefunden , darunter Äxte, kleine Pfeilspitzen aus Feuerstein, Feuersteinflocken, Getreidebrecher, rohe Steine, die als Hämmer verwendet wurden, Wetzsteine und Schleudersteine.

Da diese Pfahlbauten nicht nur zum letzten Teil des Neolithikums gehören, sondern darüber hinausgehen, haben sie natürlich ihren Platz am Ende dieser Periode. M. Troyon sagt, dass die Behausungen dieser Zeit plötzlich „durch den Einfall eines Volkes, das mit Bronzegeräten ausgestattet war, ihr Ende fanden". Die Pfahlbauten wurden von diesen Neuankömmlingen niedergebrannt, und die primitiven Bewohner wurden abgeschlachtet oder in entlegene Orte zurückgetrieben . Von dieser Katastrophe sind vor allem die Siedlungen der Ostschweiz betroffen, die völlig verschwunden sind, und auch einige an den Ufern der westlichen Seen. Einige wenige Siedlungen, nämlich jene der sogenannten Übergangszeit, sollen jedoch nicht davon betroffen sein wurden von den neuen Menschen zerstört, bis die Einwohner begonnen hatten, Bronzegeräte zu verwenden. [71]

Dr. Keller lehnt diese Ansichten ab. Er sagt, dass es keinen plötzlichen Sprung von einer Zivilisationsklasse zur anderen gebe und dass die Metalle nach und nach zum Einsatz kamen. Die Pfahlbauten wurden nicht durch den Einfall eines fremden Volkes niedergebrannt; denn in Niederwyl und mehreren Siedlungen am Untersee wurden keine Brandspuren beobachtet. Die Tatsache, dass in den gesamten Siedlungen nur sehr wenige menschliche Skelette gefunden wurden, widerspricht der Annahme, dass eine Schlacht zwischen den Ureinwohnern und den angeblichen Eroberern stattgefunden hat und dass die ersteren durch die letzteren zerstört wurden. [72]

Pfahlbauten aus dieser Zeit und aus Bronze wurden in Bayern, Norditalien, Mecklenburg, Pommern, Frankreich, England, Schottland und Irland gefunden. Herodot sagt, dass die Pæonier im Prasias -See (Thrakien) auf diese Weise lebten , und Lubbock sagt, dass die Fischer des Prasias- Sees noch immer über dem Wasser gebaute Holzhütten bewohnen. Die Stadt Tscherkask in Russland liegt über dem Fluss Don, und Venedig selbst ist nur eine Seestadt. [73]

Es wurden mehrere Versuche unternommen, die seit der Jungsteinzeit vergangene Zeit abzuschätzen. Die Schätzungen von M. Morlot basieren auf den Entdeckungen, die in einem Hügel gemacht wurden, der vom Fluss Tinière an seiner Mündung in den Genfersee gebildet wurde. Dieser Kegel enthielt drei verschiedene Schichten pflanzlicher Erde, die in unterschiedlichen Tiefen zwischen den Alluviumablagerungen angeordnet waren. Der erste befand sich in einer Tiefe von dreieinhalb Fuß von der Spitze und war zwischen vier und sechs Zoll dick. In ihm wurden Relikte aus der Römerzeit gefunden. der zweite war fünfeinhalb Fuß tiefer und sechs Zoll dick und enthielt Bruchstücke von Bronze; Der dritte befand sich in einer Tiefe von achtzehn Fuß von der Spitze, war zwischen sechs und sieben Zoll dick und enthielt Fragmente aus der Steinzeit. Die Geschichte beweist, dass die Schicht mit den römischen Relikten dreizehn bis achtzehn Jahrhunderte alt ist. Seit dieser Epoche ist der Kegel um dreieinhalb Fuß gewachsen, und wenn die Zunahme in früheren Zeitaltern gleich war, dann ist das Bett, das die Bronze enthält, zwischen 2900 und 4200 Jahre alt, und die unterste Schicht, gehört zur Steinzeit und ist zwischen viertausendsiebenhundert und zehntausend Jahren alt.

Die Berechnung von M. Gillieron basiert auf den Entdeckungen in der Nähe der Brücke von Thièle . Etwa 1.230 Fuß vom heutigen Ufer entfernt befindet sich die alte Abtei von Saint Jean, die im Jahr 1100 erbaut wurde. Es gibt ein Dokument, das zu belegen scheint, dass die Abtei am Ufer des Sees erbaut wurde. Dann, in siebenhundertfünfzig Jahren, zog sich der See um 1.230 Fuß zurück. Die Entfernung des heutigen Ufers von der Siedlung der Brücke von Thièle beträgt elftausendzweiundsiebzig Fuß, und daher ist die Siedlung nicht weniger als sechstausendsiebenhundertfünfzig Jahre alt.

M. Figuier weist den Pfahlbauten ein Alter von sechs- bis siebentausend
Jahren vor der christlichen Ära zu. [74]

- 74 -

KAPITEL XI.

MANN DES NEOLITHIKUMS.

Anhand der menschlichen Knochen, die in Torfmooren und Hügelgräbern gefunden wurden, wird der Mensch mit einem schmalen, aber runden Schädel dargestellt, mit einem hervorstehenden Grat über den Augenbrauen, was zeigt, dass er einen runden Kopf hatte, seine Augenbrauen überhingen, von kleiner Statur, aber kräftig, und von kräftigem Körperbau eine große Ähnlichkeit mit den Lappländern. In vielerlei Hinsicht war die Rasse der vorangegangenen Epoche weit überlegen. Der Mensch machte in den Künsten rasche Fortschritte und machte große Fortschritte in der Zivilisation. Er hatte die Barbarei verlassen und könnte als Halbbarbar bezeichnet werden.

Behausungen. — Die Behausung der Menschen variierte je nach Ort. Im äußersten Süden Frankreichs besetzte er noch längere Zeit die Höhlen und Felsunterstände; in der Schweiz die Pfahlbauten, und in Dänemark ließ er zweifellos einfache Hütten dicht beieinander und in der Nähe der Granatenhaufen aufstellen.

Kleidung. — Auch die Kleidung variierte je nach Ort. Wo die Wildtiere zahlreich waren, wurden deren Häute verwendet – es gab keinen Anreiz, sie durch anderes Material zu ersetzen. Es kam grobes Material aus faserigen Pflanzen zum Einsatz. Die Seebewohner kleideten sich mit diesem Material und schützten ihren Körper vollständig. Sie verwendeten auch Sandalen für ihre Füße, da diese die üblichen Gebrauchsspuren aufweisen.

Essen. — Wo wilde Tiere erhältlich waren, wurden sie verwendet und das Mark der langen Knochen entnommen. Dazu kamen Fische und Vögel. In Dänemark waren die verschiedenen Arten essbarer Mollusken das Hauptnahrungsmittel. In der Schweiz wurde eine höhere Ordnung und größere Vielfalt an Lebensmitteln verwendet. Das Fleisch der Wildtiere, Vögel und Fische wurde durch Brot aus Gerste und Weizen sowie Obst und Beeren ergänzt. Das Fleisch wurde nicht nur von wilden Tieren gewonnen, sondern sie sorgten auch gegen die Ungewissheit der Jagd, indem sie Wildschweine, Ochsen, Schafe und Ziegen domestizierten. Pferd und Hund wurden domestiziert, um bei der Jagd zu helfen, dienten aber manchmal auch als Nahrung, wahrscheinlich während einer Hungersnot.

Wenn es sich bei diesen Menschen um Kannibalen handelte, müssen die Beweise ausschließlich auf den menschlichen Knochen beruhen, die in einem Dolmen in der Nähe des Dorfes Hammer in Dänemark entdeckt wurden, der der Einwirkung von Feuer ausgesetzt war. Sie wurden zusammen mit einigen Feuersteingeräten gefunden. Diese Beweise reichen jedoch nicht aus, um den Schluss zu ziehen, dass bei den Beerdigungsbanketten neben dem gebratenen Hirsch auch Menschenfleisch verwendet wurde.

Kunst und Manufakturen. — Die Feuersteinbeile der Müllhaufen sind im Allgemeinen von unvollkommener Art; die langen Messer weisen auf ein beträchtliches Maß an Geschicklichkeit hin; Die Bodkins, Speerspitzen und Schaber sind nur wenig verbessert. In der zweiten Hälfte dieser Epoche erreichten die verschiedenen Arten von Werkzeugen, insbesondere in der Schweiz, einen erstaunlichen Grad an Perfektion, so dass es schwer zu verstehen ist, wie dies ohne die Verwendung von Metall erreicht werden konnte. Sie wurden in verschiedenen Formen und mit dem Ziel hergestellt, das Auge zu erfreuen.

Neben den verschiedenen Arten von Werkzeugen, die in den verschiedenen Ländern üblich sind, stellten die Stämme Dänemarks ein gebohrtes Beil her, das auf verschiedene Weise mit dem Hammer kombiniert wird. Ein Exemplar dieser Art ist in Abb. 16 dargestellt und befindet sich heute im Museum von Kopenhagen. Es ist mit einem runden Loch durchbohrt, in dem der Griff befestigt wurde. Die Schneidkante beschreibt einen Kreisbogen und das andere Ende ist in scharfe, eckige Kanten eingearbeitet.

Neue Erfindungen wurden in die Tat umgesetzt. Darunter befand sich ein Kamm, der seiner Form nach mit der Mistgabel der amerikanischen Ställe verglichen werden konnte. Es wurden Körperschmuck aus verschiedenen Materialien hergestellt. Die Töpferwaren befanden sich immer noch in einem schlechten Zustand, wenngleich sie sich allmählich verbesserten. Der Webstuhl wurde erfunden und verschiedene Arten von Stoffen hergestellt. Aus den faserigen Pflanzen wurden auch Taue hergestellt, die wiederum zu Netzen für den Fischfang verarbeitet wurden. An verschiedenen Orten wurden zahlreiche Kanus gefunden, was zeigt, dass sie nicht nur zum Angeln, sondern auch zum Transport von Lasten genutzt wurden. Es wurden Werkstätten eingerichtet, in denen Steingeräte hergestellt und poliert wurden; Einer dieser Geschäfte befand sich in Pressigny .

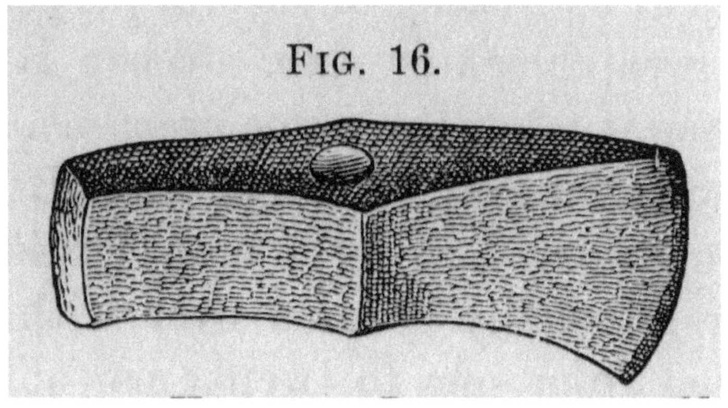

Man kann sich eine Vorstellung von der großen Zahl der Steingeräte machen, die es gibt, wenn man bedenkt, dass es im Museum von Kopenhagen etwa zwölftausend davon gibt, bestehend aus Feuersteinäxten, Keilen, breiten, schmalen und hohlen Meißeln; Dolche, Lanzenspitzen, Pfeilspitzen, Feuersteinsplitter und halbmondförmige Geräte. In anderen Sammlungen in Dänemark gibt es zwanzigtausend Geräte. Das Museum in Stockholm enthält etwa sechzehntausend , und die Royal Irish Academy besitzt siebenhundert Feuersteinflocken, fünfhundertzwölf Kelten, mehr als vierhundert Pfeilspitzen, fünfzig Speerspitzen, fünfundsiebzig Schaber und zahlreiche andere Gegenstände Stein, wie Schleudersteine, Hämmer, Wetzsteine, Getreidebrecher usw. [75] Einige dieser Geräte könnten jedoch aus anderen Epochen stammen.

Der Krieg muss in erheblichem Umfang geführt worden sein, da in Belgien, bei Furfooz und an anderen Orten befestigte Lager entdeckt wurden. Ihre Waffen waren die Axt, der Pfeil, der Speer und möglicherweise das Messer. Diese wurden mit großer Sorgfalt gefertigt.

Landwirtschaft. — In diesem Zeitalter begann der Mensch, den Boden zu bestellen und legte so den wahren Grundstein für die Zivilisation. Wahrscheinlich wurde er dazu gezwungen. Die Tiere des Waldes gingen allmählich zurück. Sie hatten ihn in der Kindheit seines Geistes genährt, und jetzt sollte er beginnen, sich auf den Boden zu konzentrieren, und durch die Kultivierung seiner Produkte musste er sein Leben finanzieren. Sein wichtigstes landwirtschaftliches Gerät muss der geschärfte Stock mit der Spitze eines Hirschhorns gewesen sein. Er baute Getreide an, baute seine Getreidemühle und lagerte das Getreide für den Wintergebrauch.

Beerdigung. — Wie die Kolonisten der Pfahlbauten ihre Toten entsorgten, ist unbekannt. In Dänemark und vielen anderen Orten wurden die Toten in Dolmen oder Hügelgräbern begraben. Ein Dolmen ist ein Denkmal, das aus mehreren senkrechten Steinen besteht, die mit einem großen Block oder einer großen Platte bedeckt sind. Wenn es von Steinkreisen umgeben ist, erhält es den Namen *Cromlech* . Die Dolmen kommen auch in Skandinavien, Frankreich und der Bretagne vor. Früher galten sie als druidische Opferaltäre. Sie waren gewöhnlich mit Erde bedeckt und darin wurden ein bis zwanzig Personen mit ihren Werkzeugen begraben. Wenn eine Person starb, wurde das Grab wieder geöffnet, um den neuen Bewohner aufzunehmen. Zu dieser Zeit wurde Feuer verwendet, um die Atmosphäre des Grabes zu reinigen. In der Bretagne wurden in der Nähe der Gräber riesige Steinblöcke in den Boden eingelassen, die den Namen Menhire erhalten haben . Der bekannteste davon ist der von Carnac. Wenn diese

Dolmen in dem Zustand bleiben, in dem sie zurückgelassen wurden, also noch mit Erde bedeckt sind, werden sie *Tumuli* genannt . Vergleichsweise wenige der Tumuli gehören dem Neolithikum an. In diesen wurden zahlreiche Leichen gefunden, jedoch keiner in natürlicher Haltung, sondern verkrampft und mit dem Kopf zwischen den Knien.

Anhand der verkalkten Knochen, die häufig am Grab zu finden sind, lässt sich schließen, dass Opfer während der Bestattungszeremonien geopfert wurden, vielleicht ein Sklave oder die Witwe. Lubbock ist der Meinung, dass, wenn eine Frau bei der Geburt eines Kindes starb oder sogar während sie es säugte, das Kind lebendig bei ihr begraben wurde. [76]

Diese Hypothese wird durch die große Zahl von Fällen untermauert, in denen das Skelett einer Frau und eines Kindes zusammen gefunden wurde. In den Zeremonien am Grab lesen einige den Glauben an einen zukünftigen Zustand der Existenz. Die Beweise sind jedoch nicht klarer als die in den vorangegangenen Epochen. Der Mensch hatte zweifellos einen solchen Glauben, aber die Wissenschaft offenbart ihn nicht.

KAPITEL XII.

BRONZE-EPOCHE.

Das Bronzezeitalter hat keinen direkten Bezug zum Alter des Menschen, da es weitgehend in der schriftlichen Geschichte verankert ist. Obwohl die Geschichte die Ereignisse des Bronzezeitalters in Westeuropa nicht dokumentiert, deckt die Geschichte doch die Zeit ab, in der Bronze verwendet wurde. Diese Epoche hat mehr mit dem Archäologen als mit dem Geologen zu tun. Es zeichnet sich durch die Fülle an Schwertern, Speeren, Angelhaken, Sicheln, Messern, Schmuck und anderen Gegenständen aus Bronze aus. Die Bronzegeräte sind hauptsächlich in England, Schottland, Irland, Frankreich, Dänemark, Norwegen, Italien und der Schweiz zu finden. Die bekannten Seesiedlungen der Schweiz gehören zu dieser Epoche: Genf, zehn Siedlungen; Neuchâtel, 25 Siedlungen; Biel, zehn Siedlungen; Murten , drei Siedlungen; und Sempach , zwei Siedlungen. Dazu kommen einige der Crannoges Irlands; auch viele Hügelgräber und Hügel.

Typ. – Der Mensch dieser Epoche war dem der vorhergehenden nicht unähnlich. Sein Kopf war eher breit als lang, er war klein, energisch und muskulös; Seine Hände waren klein, wie die auffallend kleinen Griffe ihrer Schwerter beweisen, die für eine heutige Hand zu klein sind. Dieser Menschentyp hat sich bis heute im Norden der Schweiz behauptet.

Wohnen und Essen. — Die Höhlen und Felsunterstände wichen vollständig den einfachen Hütten, die nun den Menschen schützten. Wenn auf sie zurückgegriffen wurde, geschah dies nur aus einem besonderen Grund oder einer besonderen Gefahr. Das Essen war das gleiche wie im Neolithikum, mit Zusätzen zu Getreide.

Kleidung. — Tierhäute wurden weniger als früher für Kleidung verwendet. Es wurden Kleidungsstücke aus anderem Material und sogar die gesamte Kleidung eines Häuptlings gefunden. In einem Tumulus in Jütland wurde eine dicke Wollmütze gefunden , ein grober Wollumhang (Abb. 17), halbkreisförmig, um den Hals ausgebuchtet, innen zottelig, drei Fuß vier Zoll lang und im Verhältnis breit; zwei Wollschals , ein Wollhemd , Wollgamaschen und die Überreste eines Paares Lederstiefel. Faserpflanzen trugen auch zum Komfort des Menschen bei und wurden möglicherweise für Sommerkleidung und im Winter unter der Kleidung verwendet.

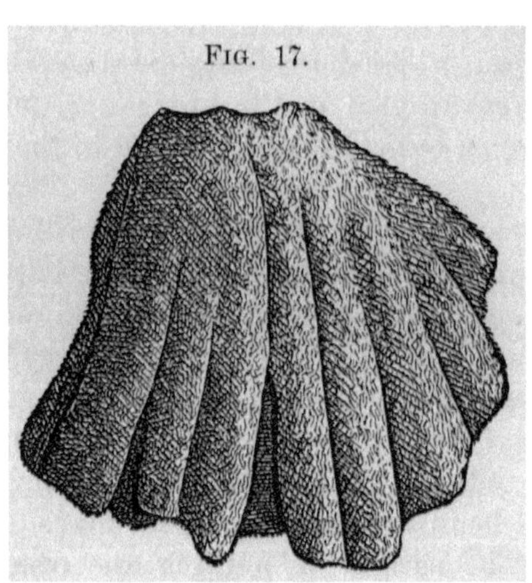

ABB. 17.
**WOLLUMHANG AUS DER BRONZEZEIT, GEFUNDEN 1861 IN EINEM
TUMULUS IN JÜTLAND.**

Implementiert. — Die Menschen dieser Zeit verbesserten ihre Waffen, Werkzeuge und Ornamente erheblich. Sie bestehen aus Bronzekelten, Schwertern, Hämmern, Messern, Haarnadeln, kleinen Ringen, Ohrringen, Armbändern, Angelhaken, Ahlen, Spiraldrähten, Lanzenspitzen, Pfeilspitzen, Knöpfen, Nadeln, verschiedenen Ornamenten, Sägen, Dolche, Sicheln und Doppelspitznadeln. Es gab auch Verzierungen aus Gold. Es wurde nur ein Gerät gefunden, ein geflügelter Kelte, der eine Inschrift trug.

Kunst. — In der Webkunst wurden Fortschritte gemacht. Das Löten und Formen von Metall wurde praktiziert ; Es wurden Gießereien gegründet, deren Überreste in Devaine und Walflinger in der Schweiz entdeckt wurden; Es wurden Steinformen verwendet , von denen eine bei einem Versuch ein Beil hervorbrachte, das den gesammelten Formen genau ähnelte. Die Formen wurden normalerweise aus Sand hergestellt. Der zum Schmelzen des Metalls verwendete Tiegel bestand aus Tongefäßen, die über ein mit brennender Holzkohle gefülltes Loch in der Erde gestellt wurden; Sobald das Metall geschmolzen war, wurde es in die Form gegossen . Die Keramik nahm neue Formen an und wurde mit verschiedenen Mustern verziert. Glas, das so lange auf phönizischen Ursprung zurückgeführt wurde , wurde in der Bronzezeit erfunden, denn in den Gräbern dieser Epoche wurden Glasperlen von blauer oder grüner Farbe gefunden.

Landwirtschaft. — Das Getreide zeugt von der Bodenbearbeitung. Der Boden wurde durch den hervorstehenden Ast eines Baumstammes vorbereitet, der als Pflug diente. Das Getreide wurde für den Wintergebrauch gelagert und

bei Bedarf zerkleinert, indem es zwischen zwei Steinen gerieben wurde, die
als Mörser dienten.

Angeln und Navigation. — Es gibt keine deutlichen Spuren einer über die
vergangene Epoche hinausgehenden Verbesserung im Fischfang und in der
Schifffahrt, außer bei den verbesserten Haken aus Bronze.

Beerdigung. — Der Brauch der Totenverbrennung war in Dänemark fast
überall verbreitet und wurde auch in anderen Ländern mehr oder weniger
praktiziert . Die Asche und Knochenfragmente wurden gesammelt und
entweder in oder unter einer Urne platziert. Bei der Beerdigung wurde der
Leichnam meist in eine zusammengezogene Position gebracht, gelegentlich
jedoch auch ausgestreckt. Bei den Toten wurden auch ihre Utensilien und
ihre Kleidung begraben. Der Leichnam des Häuptlings, der in einem
Tumulus in Jütland entdeckt wurde, wo auch die Kleidung gefunden wurde,
wurde in einem Sarg begraben, der neuneinhalb Fuß lang, über zwei Fuß
breit und mit einem beweglichen Deckel bedeckt war. Der Körper befand
sich aufgrund der Einwirkung von stark mit Eisen imprägniertem Wasser in
einem guten Erhaltungszustand. Es war in den Wollumhang gehüllt und
wiederum in ein Ochsenfell gehüllt. Darin begraben waren Schals, Leggings,
Hemd, Stiefel und Mützen, zwei kleine Kisten, ein Rasiermesser aus Bronze,
ein Kamm, ein Bronzeschwert in einer Holzscheide und ein langes Wollband
. In anderen Särgen wurden Schwerter, Messer, Broschen, Ahlen, Pinzetten
und Knöpfe gefunden, allesamt aus Bronze. Im Sarg eines Babys wurden
eine Bernsteinperle und ein kleines Bronzearmband gefunden.

Religiöser Glaube. — Es wurden viele Halbmonde aus Stein und Ton gefunden,
die von einigen Archäologen als religiöse Symbole angesehen werden. Dr.
Keller nennt sie „Mondbilder" und hat ihrer Betrachtung ein kurzes Kapitel
gewidmet. [77] Lubbock und Carl Vogt hingegen betrachten sie als nächtliche
Ruheplätze für den Kopf. [78] Sie ordneten ihr langes Haar sorgfältig und
opferten offensichtlich Bequemlichkeit der Eitelkeit. Sie trugen eine lange
Nadel, mit der sie sich den Kopf kratzen konnten. Diese Art von Kissen wird
noch heute von den Feuerländern und Abessiniern verwendet, deren Haare
aufwendig verziert sind; und in manchen Fällen wird dies nie gestört. Wenn
die Menschen Gläubige waren, ist der Halbmond der einzige Beweis aus der
Archäologie . Es wurden nie Idole entdeckt. Dass die Menschen bereits
Gläubige waren, lässt sich aus den in der Geschichte aufgezeichneten
Überlieferungen ersehen.

KAPITEL XIII.

EISEN-EPOCHE.

Da die *Eiserne Epoche* die Zivilisation begründet und fast vollständig zur historischen Epoche gehört, wird sie hier kurz erwähnt und dann nach einem Zitat von Dr. Keller verworfen. Die Bronze hatte nicht nur den Weg für die Eisenepoche bereitet, sondern auch den nachfolgenden Zeitaltern große Impulse gegeben. Die Kunst der Metallurgie erlangte eine neue Bedeutung und gab jeder Bewegung, die der Hilfe des Menschen diente, neues Leben. Die Bronzearbeiten wichen denen aus Eisen. Ein Messer aus Eisen ist in Abb. 18 dargestellt. Messer dieses Musters waren jedoch aus Bronze gefertigt und dienten demselben Zweck. Die Werkstätten dieser Zeit waren so zahlreich, dass in einer Provinz vierhundert davon entdeckt wurden. Die Töpferscheibe wurde erfunden; Geld wurde eingeführt und die Landwirtschaft stark gefördert.

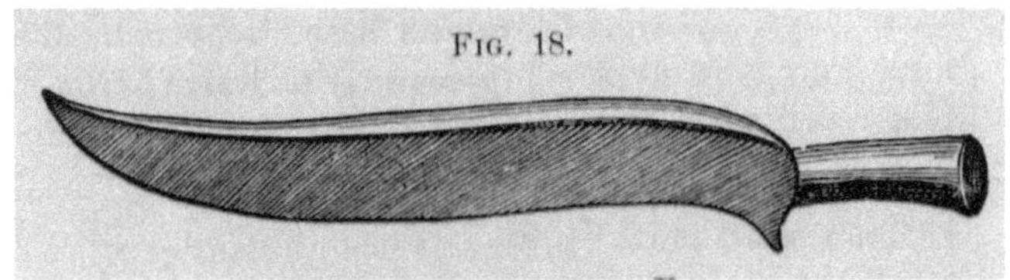

ABB. 18.
EIN MESSER AUS DER EISENZEIT.

Einige der Schweizer Pfahlbauten von Neuchâtel und Biel gehören zu dieser Epoche. Dr. Keller hat sich bei der Zusammenfassung einiger seiner Beobachtungen der folgenden Sprache bedient: „Das in der Geschichte der Zivilisation so wichtige Phänomen der Pfahlbauten, die Zeit ihrer ersten Errichtung, ihr ursprünglicher Entwurf, ihre Entwicklung." , und ihr endgültiges Aussterben ist trotz vieler angehäufter Tatsachen in vielerlei Hinsicht von Zweifeln getrübt Ebenso lässt sich ein stiller Fortschritt zu einer besseren Entwicklung der Lebensbedingungen beobachten, bei dem es weder einen Rückschritt noch einen plötzlichen Fortschritt durch das Eingreifen fremder Elemente gab. Die allgemeine Verbreitung von Metallen in einem Land, in dem es keine gab, lässt sich einfach erklären durch den Tauschhandel, der in ganz Europa in den frühesten Zeitaltern herrschte. Die Frage, warum die Bewohner einer Pfahlsiedlung der Steinzeit ihre Siedlungen verließen, während die einer anderen, nicht viele Stunden oder viele Minuten zu Fuß entfernten Siedlung, ruhig am Leben blieben auf ihren Plattformen ist von nicht größerer Bedeutung als die Frage, warum im Mittelalter so viele Orte verschwunden sind, deren Namen und Situationen uns bekannt sind. Das Vorhandensein von Industrieobjekten auf dem Gebiet der Pfahlbauten ist nicht sehr überraschend, wenn man bedenkt, welchen Unglücksfällen Dörfer mit strohgedeckten Hütten ausgesetzt waren, in denen nicht nur die Häuser selbst, sondern sogar die Plattformen, auf denen sie standen Sie standen aus sehr brennbaren Materialien. Wenn wir Caesars Bericht wörtlich nehmen wollen , ist es möglich, dass beim Abzug der Helvetier , deren Ankunft im Land weder in der Geschichte noch in der Archäologie nachgewiesen ist , die damals vorhandenen Pfahlbauten insgesamt niedergebrannt wurden; es kann aber auch kein Zweifel darüber bestehen, dass einige stehen blieben oder nach der Rückkehr der Bevölkerung wieder aufgebaut wurden. Ihr Fortbestehen bis in die römische Zeit ist nur für denjenigen erstaunlich , der sich vorstellt, dass zu dieser Zeit die gesamte Bevölkerung zur römischen Lebensweise übergegangen sei, während ihm der Beweis vorliegt, dass die Unterschicht bis heute an ihren eigenen Sitten und Gebräuchen festhielt der Eintritt der deutschen Rassen." [79]

KAPITEL XIV.

SPUREN DES MENSCHEN IN AMERIKA.

Amerika bietet dem Altertumsforscher ein besseres Feld als die alte Welt. Ihre antiken Überreste sind durch den Zerfall der Reiche und die raue Hand des Krieges nicht so sehr beschädigt. Die folgenden Zeitalter haben diese Spuren nicht so sehr verwischt, und viele der Überreste sind immer noch so, wie sie von den ursprünglichen Bewohnern hinterlassen wurden, abgesehen von der Veränderung und dem Verfall, die die Zeit selbst mit sich bringt. Amerika wird noch entdeckt werden. Es stimmt, die Wahrzeichen sind bekannt; Diese wurden jedoch nicht so sorgfältig untersucht wie die menschlichen Überreste in Europa. Der Boucher de Perthes und der Dr. Schmerling kommen noch. Bis dahin muss die Geschichte des Urmenschen in Amerika von großer Ungewissheit geprägt sein. Es wurde viel Arbeit in die Untersuchung dieses Themas investiert und viele Werke geschrieben, die alle auf eine frühe Entwicklung abzielen, die früher oder später eintreten muss.

In diesem Kapitel wird es nur darum gehen, einige dieser Spuren aufzuzeigen.

Aufzählung. — Auf die Geräte aus den Kiesbetten Colorados und den Schädel aus Calaveras County, Kalifornien, wurde bereits Bezug genommen (S. 61, 62).

In der Nähe der Osage Mission in Kansas wurde ein menschlicher Schädel gefunden, der in einem festen Felsen eingebettet war und durch Sprengungen aufgebrochen wurde. Er wurde von Dr. Weirley untersucht , der ihn mit einem modernen Schädel verglich und feststellte, dass er diesem in seiner allgemeinen Form ähnelte, jedoch eineinhalb Zoll länger war. Über dieses Relikt sagt er: „Es gehörte einem großen Mann und war in Konglomeratgestein der Tertiärklasse eingebettet und mehrere Fuß unter der Oberfläche gefunden. Teile der Stirn-, Scheitel- und Hinterhauptknochen wurden weggetragen." Die Explosion. Das Gesteinsstück, das die Überreste enthält, wiegt etwa vierzig oder fünfzig Pfund, weist viele Eindrücke von Meeresmuscheln auf und verläuft durch eine Ader aus Quarz oder innerhalb des Schädels kristallisierter organischer Materie, die mit Hilfe eines Mikroskops ein... schönes Aussehen." Von der Gestalt kommt ihm der Neandertaler am nächsten. [80]

In der Comstock-Ader (Nevada) fand Richter AW Baldwin in einer Tiefe von 150 Metern einen menschlichen Schädel von ungewöhnlicher und eigenartiger Form. Es ist von der Basis bis zum Gipfel sehr kurz und zwischen den Ohren außerordentlich breit. Der Schädel ist bis auf die

Gesichtsknochen vollständig. Dieser Schädel wurde noch nie von einer kompetenten Person untersucht. [81]

Im Treibton der Stadt Toronto wurden in einer Tiefe von zwei Fuß unter der Oberfläche die Knochen und das Horn eines Hirsches entdeckt, inmitten einer Ansammlung von Holzkohle und Asche, und mit ihnen ein grober Steinmeißel oder ein Beil. [82]

Im Kies des goldhaltigen Quarzes der Grinell Leads (Kansas) wurde in einer Tiefe von vierzehn Fuß ein unvollkommenes Feuersteinmesser gefunden. Über dem Gerät war der Kies, der aus Quarz und rötlichem Ton bestand, zehn Fuß dick, und darüber befanden sich vier Fuß nährstoffreicher schwarzer Erde. Dieses Gerät wurde Dr. Daniel Wilson von Herrn PA Scott geschenkt. [83]

Dr. Dickeson fand im gelben Lehm des Mississippi bei Natchez einen menschlichen Beckenknochen sowie die Knochen des Mastodon und des Megalonyx . Sie wurden in einer Tiefe von dreißig Fuß unter der Oberfläche gefunden, und der menschliche Knochen hatte die gleiche schwarze Farbe, die die anderen charakterisierte. Sir Charles Lyell berechnete, dass die Entstehung des Mississippi-Deltas 67.000 Jahre dauerte, räumt jedoch ein, wenn die von den Ingenieuren der Vereinigten Staaten gezogenen Schlussfolgerungen korrekt sind, was die jährliche Menge an Sedimenten betrifft, die am Delta ausgetragen werden Das Wachstum würde sich auf dreiunddreißigtausendfünfhundert Jahre verkürzen. Wenn man eine dieser Schätzungen zugrunde legt, ergibt sich die Anzahl der Jahre, die seit der Einlagerung dieser Knochen vergangen sind. [84]

Bei einer Ausgrabung in der Nähe von New Orleans fanden die Arbeiter in einer Tiefe von sechzehn Fuß unter der Oberfläche unter vier übereinander liegenden Zypressenwäldern ein vollständiges menschliches Skelett und etwas Holzkohle. Der Schädel ähnelt dem Ureinwohnertyp der indischen Rasse. Diese Entdeckung lieferte die Daten, anhand derer Dr. Bennet Dowler der Menschheit im Delta des Mississippi ein Alter von 57.000 Jahren zuordnete. [85]

Graf Pourtalis fand einige fossile menschliche Überreste, bestehend aus Kiefern, Zähnen und einigen Fußknochen, in einem Kalkkonglomerat, das einen Teil der Riffereihe Floridas bildet. Die gesamte Riffereihe ist posttertiären Ursprungs und hat sich laut Professor Agassiz vor einhundertfünfunddreißigtausend Jahren gebildet. Wenn diese Berechnung korrekt ist, müssen diese Knochen ein Alter von zehntausend Jahren haben. [86]

Dr. Lund, ein dänischer Naturforscher, erkundete in Brasilien achthundert Höhlen aus verschiedenen Epochen und exhumierte darin eine große Anzahl unbekannter Tierarten. In einer Kalkhöhle in der Nähe des Semidouro- Sees fand er die Knochen von nicht weniger als dreißig Personen unterschiedlichen Alters, die einen ähnlichen Zersetzungszustand aufwiesen wie die Knochen der Tiere, mit denen sie in Verbindung gebracht wurden. Aufgrund der dort gemachten Entdeckungen musste Lund zu dem Schluss kommen, dass der Mensch zeitgleich mit dem Megatherium und dem Mylodon war – Tieren aus dem Post-Tertiär. [87]

Die Muschelhaufen Amerikas sind mit denen Dänemarks gleichwertig. Diejenigen in Damariscotta, Maine, wurden von Professor WD Gunning untersucht. Er schätzt, dass auf einer Fläche von hundert Stäben Länge und achtzig Stäben in der Breite hundert Millionen Scheffel Austernschalen aufgestapelt sind. Ein kuppelförmiger Hügel ist fast dreißig Meter hoch. Die einzigen menschlichen Relikte, die zwischen den Muscheln gefunden wurden, sind Steinmeilen, Pfeilspitzen, Knochennadeln, Töpferwaren und Kupfermesser. Diese Muscheln wurden wahrscheinlich nur von wenigen Personen gleichzeitig abgelegt. Als die Auster entstand, war sie an dieser Küste beheimatet, aber seit Menschengedenken hat die Auster dort nicht gelebt.

Die Hügelbauer. — Ein altes und unbekanntes Volk mit einem gewissen Grad an Zivilisation hat in den Befestigungen und Hügeln in den Tälern des Mississippi und seiner Nebenflüsse Überreste seiner Größe hinterlassen. Diese Arbeiten erstrecken sich über ein großes Gebiet. Man findet sie im Westen von New York, West Virginia, Ohio, Kentucky, Tennessee, Indiana, Illinois, Wisconsin, Michigan, Iowa, Nebraska, Missouri, Arkansas, Louisiana, Mississippi, Alabama, Georgia, Florida, Texas und entlang des Kansas, Platte und andere westliche Flüsse.

Die Menschen scheinen aus Ohio zu stammen. Am südlichen Ende verlieren die Werke allmählich ihren besonderen Charakter und gehen in die höher entwickelte Architektur Mexikos über; und im Norden, Nordosten und Nordwesten scheint die Bevölkerung begrenzter und ihre Werke weniger perfekt entwickelt gewesen zu sein. Die Menschen widmeten sich überwiegend der Landwirtschaft; waren nicht kriegerisch und befuhren nur die Flüsse entlang ihrer Siedlungen. Die fruchtbaren Täler des Scioto, der beiden Flüsse Miami , Kanawaha , White, Wabash, Kentucky, Cumberland und Tennessee waren dicht besiedelt, wie die zahlreichen Arbeiten zeigen, die ihre Oberflächen abwechslungsreicher gestalten.

Die Stein- und Knochengeräte aus den Hügeln unterscheiden sich in ihrer Form kaum von denen Europas. Die Beile und Messer bestehen nicht nur aus Feuerstein, sondern auch aus Obsidian und anderen harten Steinen. Kupfer war die wichtigste metallische Substanz. Daraus stellten sie verschiedene Geräte und Schwerter her. Es wurde am Ufer des Lake

Superior gewonnen, wo umfangreicher Bergbau betrieben wurde. In diesen Minen wurden ihre Werkzeuge gefunden, darunter sehr große Dioritbeile, die als Schlitten zum Abbrechen von Kupferklumpen dienten und so schwer waren, dass mehr als ein Mann nötig war, um sie zu führen. Das Kupfer wurde keiner Hitze ausgesetzt, sondern kalt in die gewünschte Form gehämmert.

Eine Vorstellung von der Zahl der Hügel und Festungen kann man aus der Aussage gewinnen, dass es allein im Bundesstaat Ohio elftausend bis zwölftausend dieser Werke gibt. Die Festungen dienten dem Schutz der Menschen vor den Raubkriegen der feindlichen Stämme oder möglicherweise sogar vor den Einfällen anderer Hügelbauer. Über die Hügel gibt es viele Spekulationen, und einige Archäologen unterteilen sie in Opfer-, Grab-, Tempel- und symbolische Hügel.

Aufopferungsvoll. – Die Opferhügel zeichnen sich dadurch aus, dass sie „fast ausnahmslos innerhalb von Einfriedungen vorkommen; ihr regelmäßiger Aufbau aus gleichmäßigen Schichten aus Kies, Erde und Sand, die abwechselnd in Schichten angeordnet sind, die sich an die Form des Hügels anpassen; und dass sie einen symmetrischen Altar aus gebranntem Ton bedecken." oder Stein, auf dem zahlreiche Reliquien abgelegt sind, die in allen Fällen mehr oder weniger reichliche Spuren davon aufweisen, dass sie der Einwirkung von Feuer ausgesetzt waren." [88] Zu den bemerkenswertesten gehören diejenigen, die am Scioto gefunden wurden, an dem Ort namens Mound City am Westufer. Die Hügel sind von einer einfachen Böschung umgeben, die zwischen drei und vier Fuß hoch ist. Das besetzte Gebiet beträgt etwa 13 Acres und umfasst 24 Hügel. Einer davon ist einhundertvierzig Fuß lang und die größte Breite beträgt sechzig Fuß. In diesem Hügel befanden sich vier aufeinanderfolgende Altäre, ein Scheffel Fragmente von Speerspitzen, über fünfzig Quarzpfeilspitzen sowie Kupfer- und andere Reliquien. Die Opfergaben offenbaren keine vielfältige Ansammlung von Reliquien, denn auf einem Altar befinden sich hauptsächlich Hunderte von skulpturalen Pfeifen; auf der anderen Seite Töpferwaren, Kupferornamente und Steingeräte; auf anderen kalzinierte Muscheln, verbrannte Knochen; und bei anderen wurde keine Ablagerung festgestellt. Die Opferhügel befinden sich in Marietta und anderen Orten.

Alle durchgeführten Untersuchungen belegen, dass die Altäre nicht nur über einen langen Zeitraum genutzt, sondern auch immer wieder erneuert wurden.

Grab. — Die Grabhügel sind in Tausenden nummeriert. Es handelt sich um einfache Erdpyramiden, manchmal elliptisch oder birnenförmig, und ihre Höhe variiert zwischen sechs und achtzig Fuß. Normalerweise enthalten sie nur ein Skelett, das fast zu Asche zerfallen ist, gelegentlich aber auch in normalem Zustand und in geduckter Haltung. Daneben finden sich Schmuckstücke und in einigen Fällen auch Waffen. Diese Hügel wurden wahrscheinlich nur über dem Körper eines Häuptlings oder einer angesehenen Person errichtet.

Tempel. — Die Tempelhügel sind Pyramidenstümpfe mit Wegen oder Stufen, die zum Gipfel führen, und manchmal auch Terrassen in unterschiedlichen Höhen. Zu den bekanntesten davon gehört Cahokia in Illinois. An seiner Basis ist es siebenhundert Fuß lang, fünfhundert Fuß breit und neunzig Fuß hoch. Sein flacher Gipfel ist mehrere Hektar groß.

Symbolisch. — Die symbolischen Hügel bestehen aus riesigen Flachreliefs, die auf der Erdoberfläche geformt sind und Menschen, Tiere und unbelebte Objekte darstellen. In Wisconsin gibt es sie zu Tausenden, und zu den Symbolen gehören der Mensch, die Eidechse, die Schildkröte, der Elch, der Büffel, der Bär, der Fuchs, der Otter, der Waschbär, der Frosch, der Vogel, der Fisch, das Kreuz, der Halbmond, der Winkel, die Gerade und die Kriegskeule , Tabakpfeife und andere bekannte Geräte oder Waffen.

Im Dane County gibt es eine bemerkenswerte Gruppe, bestehend aus sechs Vierbeinern, sechs Parallelogrammen, einem kreisförmigen Tumulus, einer menschlichen Figur und einem kleinen Kreis. Die Vierbeiner sind 100 bis 120 Fuß lang, und die Figur des Mannes maß 125 Fuß in der Länge und fast 140 Fuß vom Ende eines Arms bis zum anderen. In der Nähe des Dorfes Pewaukee gab es bei der ersten Entdeckung zwei Eidechsen und sieben Schildkröten. Einer der letzteren hatte eine Größe von 470 Fuß.

In Adams County , Ohio, befindet sich die Figur einer riesigen Schlange; Sein Kopf befindet sich auf dem Gipfel eines Hügels und in seinen ausgestreckten Kiefern befindet sich ein Teil einer ovalen Erdmasse, die 160 Fuß lang, 80 Fuß breit und 4 Fuß hoch ist. Der Körper der Schlange erstreckt sich über etwa achthundert Fuß um den Hügel herum und bildet anmutige Windungen und Wellen. In der Nähe von Granville, Licking County , Ohio, befindet sich auf dem Gipfel eines zweihundert Fuß hohen Hügels die Darstellung eines Alligators. Seine äußerste Länge beträgt 250 Fuß, die durchschnittliche Höhe 4 Fuß; Kopf, Schultern und Rumpf sind teilweise auf eine Höhe von sechs Fuß angehoben; Die Pfoten sind vierzig Fuß lang, die Enden sind breiter als die Glieder, als ob ursprünglich die Spreizung der Zehen angedeutet worden wäre. Auf der Innenseite des Bildnisses befindet sich ein erhöhter Raum, der mit Steinen bedeckt ist, die der Einwirkung von Feuer ausgesetzt wurden; und von dort führt ein zehn Fuß breiter, abgestufter Weg nach oben. Bei der Untersuchung stellte sich heraus, dass der Umriss der Figur aus Steinen beträchtlicher Größe bestand, auf denen der Oberbau aus feinem Ton modelliert worden war.

Antike. — Es gibt Methoden, das Alter dieser Hügel zu bestimmen. Herr EG Squier hat auf drei Tatsachen hingewiesen, die beweisen, dass sie einer weit entfernten Zeit angehören. 1. Keines dieser antiken Werke findet sich auf der untersten Flussterrasse, die das Absinken der Bäche markiert. Da diese Werke alle anderen überragen, ergibt sich daraus, dass die unterste Terrasse seit der Errichtung der Werke entstanden ist. Die Bäche bilden im Allgemeinen vier Terrassen, und die durch die niedrigste gekennzeichnete Periode muss die längste sein, da die Grabungskraft solcher Bäche mit zunehmender Tiefe der Kanäle geringer wird. 2. Die Skelette der Hügelbauer sind in einem Zustand extremen Verfalls. Nur ein oder zwei Skelette wurden in einem für eine intelligente Untersuchung geeigneten Zustand geborgen. Die Umstände ihrer Beerdigung waren für ihre Erhaltung ungewöhnlich günstig. Die Erde um sie herum wurde stets als wunderbar kompakt und trocken empfunden; und doch befanden sie sich bei der Exhumierung in einem zerfallenen und zerfallenden Zustand. 3. Ihr hohes Alter zeigt sich in ihrer Beziehung zu den Urwäldern. Da die Hügelbauer ein sesshaftes Landvolk waren, wurden ihre Gehege und Felder von Bäumen befreit und blieben so, bis sie verlassen wurden. Als die Europäer sie entdeckten, waren diese Gehege von riesigen Bäumen bedeckt, von denen einige achthundert Jahre alt waren. Die Bäume, die zuerst auftauchten, waren keine normalen Waldbäume. Als die ersten Bäume, die den Boden eroberten, abgestorben waren, wurden sie in vielen Fällen durch andere Arten ersetzt, bis sich schließlich nach vielen Jahrhunderten die für Nordamerika typische, bemerkenswerte Artenvielfalt etablierte. [89]

Dr. Buchner weist ihnen ein Alter von siebentausend bis zehntausend Jahren zu. [90]

Fort Shelby im Orleans County , New York, wurde vom Archäologen Frank H. Cushing sorgfältig untersucht . Es wurde festgestellt, dass die Festung aus zwei parallelen kreisförmigen Mauern bestand, in denen sich jeweils ein Tor befand. Das Tor in der Außenmauer führte zu einem Torfmoor, dessen Ufer etwa zehn Fuß entfernt war. Innerhalb des Geheges fand er kleine, flache, gekerbte Steine, die zum Versenken von Fischernetzen dienten. In das Moor bohrte er unweit des Ufers einen Schacht bis zu einer Tiefe von sieben Fuß. Am Boden des Schachts fand er die Schalen lebender Schalentierarten. Die natürliche Umgebung zeigt, dass diese Festung erbaut wurde, als das Torfmoor noch ein See war. Dies wird auch durch die Tatsache bestätigt, dass alle antiken Werke in der Nähe einer ständigen Wasserversorgung errichtet wurden. Die nächstgelegene dauerhafte Wasserquelle ist Oak Orchard Creek, anderthalb Meilen entfernt. Die Bildung dieses Torfs würde nicht weniger als viertausend Jahre dauern, wahrscheinlich sogar die doppelte Zeit.

Die Mound-Builders müssen sehr lange dort geblieben sein. Diese Werke entstanden nach und nach und die Bevölkerung breitete sich langsam nach Norden aus. Ihre Maisfelder zeugen durch ihren erhöhten Zustand von vielen aufeinanderfolgenden Nutzungsjahren.

ANMERKUNG A. – In Bezug auf die fossilen menschlichen Knochen aus Florida sagt Graf LF Pourtales : „Der menschliche Kiefer und andere Knochen, die ich 1848 in Florida gefunden habe, befanden sich nicht in einer Korallenformation, sondern in einem Süßwassersandstein auf dem." Ufer des Lake Monroe, verbunden mit Süßwassermuscheln von Arten, die noch im See leben (*Paludina* , *Ampullaria usw.*). Der Entstehung dieser Ablagerung kann kein Datum zugeordnet werden, zumindest nicht nach derzeitiger Beobachtung." – *American Naturalist* , Bd. II., S. 443.

ANMERKUNG B. – Zusätzlich zu den bereits aufgezählten Beweisen gibt Oberst Charles Whittlesey Folgendes an: 1. Drei Skelette von Indianern wurden in einer Schutzhöhle in der Nähe von Elyria, O., vier Fuß unter der Oberfläche gefunden und ruhten auf dem ursprünglichen Boden der Höhle , auf dem sich auch Holzkohle, Asche und die Überreste vorhandener Tiere befanden; geschätztes Alter: zweitausend Jahre. 2. In einer Höhle in der Nähe von Louisville, Kentucky, wurden mehrere menschliche Skelette gefunden, die in eine Brekzie einzementiert waren. Sie wurden beim Bau des Stausees im Jahr 1853 entdeckt. 3. Ein von Menschenfüßen getragener Baumstamm wurde im Schlammbett von High Rock Spring, Saratoga, NY, in einer Tiefe von neun Fuß unter der Höhle gefunden und von geschätzt Dr. Henry McGuire wird 5.470 Jahre alt. Es wurde 1866 entdeckt. 4. Herr Koch behauptet, fünfzehn Fuß unter dem Skelett des *Mastodon Ohioensis* eine Pfeilspitze aus dem jüngsten Schwemmland des Pomme de Terre River, Missouri, gefunden zu haben, die sich jetzt im British Museum befindet. Seiner Aussage wurde jedoch von einem der Männer widersprochen, die ihm bei der Exhumierung des Skeletts behilflich waren. 5. Dr. Holmes aus Charleston, SC, fand Keramik am Fuße eines Torfmoores am Ufer des Ashley River, in enger Verbindung mit den Überresten von Mastodon und Megatherium. 6. Oberst Whittlesey fand im Jahr 1838 Feuerherde im alten Alluvium des Ohio in Portsmouth, O., in einer Tiefe von zwanzig Fuß und unter den Werken der Mound- Builders . – *Oberst Whittlesey vor dem American Association, im Jahr 1868.*

Kapitel XV.

GESCHRIFTLICHE GESCHICHTE.

Es ist nicht allgemein bekannt, dass die geschriebene Geschichte so weit zurückreicht, dass sie das gegenwärtige System der Chronologie wertlos macht. Die mächtigen Reiche der Antike müssen für viele nachdenkliche Geister ein Rätsel gewesen sein. Soweit uns die Geschichte zurückträgt , sehen wir nicht nur die Welt voller Millionen von Menschen, sondern auch den Aufstieg von Nationen und den Zerfall von Imperien. Rollin spürte die Schwierigkeiten der Chronologie, die ihn behinderten. Er sagt, dass das assyrische Reich von Nimrod achtzehnhundert Jahre nach der Erschaffung des Menschen gegründet wurde, oder zweihundertvierundzwanzig Jahre nach der Sintflut oder einhundertsechsundzwanzig Jahre vor dem Tod Noahs. Nachfolger von Nimrod wurde sein Sohn Ninus, der mächtigen Beistand von den Arabern erhielt und seine Eroberungszüge von Ägypten bis nach Indien und Baktrien ausdehnte . Ninus vergrößerte seine Hauptstadt auf einen Umfang von sechzig Meilen, baute die Mauern auf eine Höhe von hundert Fuß und so breit, dass drei Streitwagen problemlos nebeneinander fahren konnten, und befestigte und schmückte sie mit tausendfünfhundert Türmen, die zweihundert Fuß hoch waren . Nachdem er dieses gewaltige Werk vollendet hatte, führte er gegen die Baktrier eine Million siebenhunderttausend Mann zu Fuß, zweihunderttausend Reiter sowie vierhundert gut ausgerüstete und ausgerüstete Schiffe. Nach seinem Tod bestieg seine Frau Semiramis den Thron. Sie erweiterte ihre Herrschaftsgebiete durch die Eroberung eines großen Teils Äthiopiens. Dann führte sie ihre Armee von drei Millionen Fußsoldaten und fünfhunderttausend Reitern sowie den Kamelen und Kriegswagen nach Indien, wo sie eine schwere Niederlage erlitt. Nachdem er diese Aussagen gemacht hat, sagt Rollin: „Ich muss zugeben, dass ich ein wenig verwirrt bin über eine Schwierigkeit, die gegen die außergewöhnlichen Dinge, die von Ninus und Semiramis erzählt werden, aufgeworfen werden könnte, da sie nicht mit den Zeiten so nahe der Sintflut übereinzustimmen scheinen: Ich meine.“ , solch riesige Armeen, so eine zahlreiche Kavallerie, so viele mit Sensen bewaffnete Streitwagen und so immense Schätze aus Gold und Silber; ... und die Pracht der Gebäude, die ihnen zugeschrieben werden. [91] Die Schwierigkeiten, die sich dem modernen Historiker stellen, wären nie aufgetreten, wenn nicht die Schriften der Alten in Misskredit gebracht worden wären.

Ägypten. — Die einzige auf Griechisch verfasste Geschichte Ägyptens war die von Manetho, einem Hohepriester von Heliopolis, der dreihundert Jahre vor Christus lebte. Von diesem Werk sind nur Fragmente erhalten. Diese

Geschichte stammt aus den alten ägyptischen Chroniken und enthält eine Liste von dreißig Dynastien, die in einer Stadt regierten. Seine „einunddreißig Listen enthalten die Namen von einhundertdreizehn Königen, die ihrer Meinung nach im Zeitraum von viertausendvierhundertfünfundsechzig Jahren in Ägypten regierten." [92] Dr. Buchner sagt, Manetho „berechnet für dreihundertfünfundsiebzig Pharaonen eine Regierungszeit von sechstausendeinhundertsiebzehn Jahren, was zusammen mit der gegenwärtigen Ära etwa achttausenddreihundertdreißig Jahre ergibt." [93] Bayard Taylor lässt Manetho die erste Dynastie auf das Jahr 5000 V. CHR. ZURÜCKFÜHREN · [94]

Herodot sagt, dass die Ägypter „erklären, dass von ihrem ersten König (Menes) bis zu diesem letztgenannten Monarchen (Sethos), dem Priester von Vulkan, ein Zeitraum von dreihunderteinundvierzig Generationen verging; so heißt es zumindest." Während dieser Zeitspanne zählen sowohl ihre Könige als auch ihre Hohepriester. Nun machen dreihundert Generationen von Menschen zehntausend Jahre, drei Generationen füllen das Jahrhundert aus; und die übrigen einundvierzig Generationen machen dreizehnhundertvierzig Jahre aus. So die Die ganze Zahl der Jahre beträgt elftausenddreihundertvierzig." Die Priester „führten mich in das innere Heiligtum, das eine geräumige Kammer ist, und zeigten mir eine Vielzahl kolossaler Statuen aus Holz, die sie zählten und feststellten, dass sie genau der Zahl entsprachen, die sie gesagt hatten; es war Brauch für jeden." Als er zu seinen Lebzeiten Hohepriester war, ließ er seine Statue im Tempel aufstellen. Als sie mir die Zahlen zeigten und sie berechneten, versicherten sie mir, dass jeder der Sohn desjenigen sei, der ihm vorangegangen sei; und das wiederholten sie in der ganzen Zeile , beginnend mit der Darstellung des zuletzt verstorbenen Priesters und bis zum Abschluss der Serie. [95] Von der Zeit des Sethos , des Priesters von Vulkan, bis zum Brand des Tempels von Delphi vergingen einhundertzweiundzwanzig Jahre. Der Tempel wurde 548 V. CHR. niedergebrannt. Der Zeitraum, der von Sethos bis heute (1875) verstrichen ist, beträgt zweitausendfünfhundertfünfundvierzig Jahre. Rechnet man dies mit der Zeit des Menes zusammen, ergibt sich ein Gesamtzeitraum von dreizehntausendachthundertfünfundachtzig Jahren. Wenn die Generation jedoch auf zwanzig Jahre verkürzt wird , beträgt die Zeitspanne von Menes bis zur Gegenwart neuntausenddreihundertfünfundsechzig Jahre.

Die jüngsten Erkundungen Mariettes in den Archiven Ägyptens haben die Aussage von Manetho bestätigt. Die Namen der Könige, ihre Reihenfolge und die Dauer ihrer Regierungszeit stimmen mit Manethos Tabelle überein. Diese Entdeckungen zeugen nicht nur vom hohen Alter des Reiches, sondern werfen auch Licht auf die Nation, ihre Sitten und Bräuche. Es wurden Hocker, Stühle mit Rohrboden, Arbeitskästen, Netze, Messer,

Nadeln, Toilettenschmuck, Steingut, Samen, Eier, Brot, Strohkörbe, Kinderspielzeug, Farbkästen mit Farben und Pinseln usw. gefunden dreitausend bis sechstausend Jahre alt. Es wurden auch die Juwelen der Königin Aahhotep gefunden , die 1700 V. CHR. LEBTE , bestehend aus exquisiten Ketten, Diademen, Ohrringen und Armbändern, die keine moderne Königin zu tragen zögern würde.

Diese Aussagen werden durch die Aussagen der Geologie noch weiter bestätigt. Im Jahr 1850 wurde mit Bohrungen in der Schlammablagerung des Nils begonnen. Die wichtigsten Ergebnisse wurden bei einer Ausgrabung und Bohrung in der Nähe des Sockels der Ramses-Statue in Memphis erzielt, deren Regierungszeit laut Lepsius im Jahr 1361 v. CHR . lag. Man geht mit Mr. Horner davon aus, dass der untere Teil des Die Plattform oder das Fundament befand sich zum Zeitpunkt ihrer Verlegung vierzehndreiviertel Zoll unter der Erdoberfläche oder Schwemmlandebene und war zwischen diesem Zeitraum und dem Jahr 1850 N . Chr. oder im Zeitraum von dreitausendzweihundert entstanden und elf Jahre, eine Ablagerung von neun Fuß vier Zoll rund um den Sockel, was eine durchschnittliche Zunahme von dreieinhalb Zoll in hundert Jahren ergibt. Durch das Abteufen eines Schachts in der Nähe des Sockels und durch Bohren an derselben Stelle wurde außerdem festgestellt, dass die Dicke des alten Nilschlamms, der auf Wüstensand ruhte, unterhalb des Niveaus der alten Ebene 32 Fuß betrug; und daraus folgerte Herr Horner, dass die unterste Schicht (in der ein Fragment gebrannter Ziegel gefunden wurde) mehr als dreizehntausend Jahre alt war oder dreizehntausendvierhundertsechsundneunzig Jahre vor dem Jahr 1850 abgelagert wurde.“ [96] Andere Ausgrabungen wurden in großem Maßstab durchgeführt. In den ersten sechzehn bis vierundzwanzig Fuß wurden Krüge, Vasen, Töpfe, eine kleine menschliche Figur aus gebranntem Ton, ein Kupfermesser und andere vollständige Gegenstände ausgegraben. Als die Durchsickerndes Wasser aus dem Nil behinderte den Fortschritt der Arbeiter, man griff auf Bohrungen zurück und fast überall und aus allen Tiefen, sogar dort, wo sie 60 Fuß unter der Oberfläche sanken, wurden Stücke gebrannter Ziegel und Tongefäße abgebaut. [97]

Troja. – Troja, das durch das Gedicht von Homer unsterblich gemacht wurde, wurde kürzlich den Augen der Menschen enthüllt, und neuer Glanz ist über den alten Barden geworfen worden. Die von Homer gegebenen Beschreibungen von Troja, von denen angenommen wurde, dass sie nur ein Werk der Einbildung waren, erweisen sich nun als zutreffend, und auch, dass er dort gewesen sein muss. Für die Wiederentdeckung und Ausgrabung Trojas ist die Welt Dr. Schlieman zu Dank verpflichtet . Es wurden vier übereinanderliegende vergrabene Städte entdeckt. Die dritte Stadt unter der Oberfläche ist das antike Troja. Das Haus des Priamos, das Scæan- Tor, die massiven Mauern und Gehwege waren noch erhalten. Im Haus des Priamos fand Dr. Schlieman eine große Menge menschlicher Knochen, darunter zwei ganze Skelette mit Kupferhelmen, eine silberne Vase, zwei Diademe aus goldenen Schuppen, eine goldene Krone, sechsundfünfzig goldene Ohrringe, achttausendsieben Hundertfünfzig goldene Ringe, Knöpfe usw. Unmittelbar neben dem Haus des Priamos, dicht an dicht in einem viereckigen Raum, umgeben von Asche und in der Nähe eines Kupferschlüssels, befanden sich ein großer ovaler Schild aus Kupfer, ein Kupfertopf und ein Kupfertablett , ein goldener Krug, der fast ein Pfund wog, mehrere silberne Vasen, eine silberne Schale, vierzehn kupferne Lanzenköpfe, vierzehn kupferne Streitäxte, zwei große zweischneidige Dolche, ein Teil eines Schwertes und einige kleinere Gegenstände. Der Wert des gesamten Goldes und Silbers, das im oder in der Nähe des Hauses des Priamos gefunden wurde, wurde allein nach Gewicht auf zwanzigtausend Dollar geschätzt. Bei den Ausgrabungen wurden über hunderttausend Gegenstände gefunden. Jedes Zeichen zeigte, dass Troja plötzlich zerstört worden war. Feuersbrunst, Ruine, Kriegsgeräte und Kriegseinwirkungen waren sichtbar. Selbst die tapferen Krieger, die bei der Verteidigung des Palastes ihres Königs fielen, sind noch nicht ganz in Staub zerfallen.

Die vier Städte lassen sich wie folgt zusammenfassen: Die oberste Schicht ist sechseinhalb Fuß tief und bedeckt die griechische Siedlung, die um das Jahr 700 V. CHR. GEGRÜNDET WURDE . Unter dem griechischen Mauerwerk befinden sich die Mauern einer anderen Stadt, die aus Erde und Erde gebaut wurde kleine Steine, aber die Fülle an Holzasche zeigt, dass die Stadt – oder die folgenden Städte – hauptsächlich aus Holz gebaut wurden.

Die nächsten Ruinen Trojas liegen 23,5 bis 33,5 Fuß über der Oberfläche und bilden eine Schicht von durchschnittlich zehn Fuß Dicke. Troja soll um 1400 V. CHR. gegründet worden sein , und sein Fall und seine Zerstörung durch einen Brand sollen um 1100 v. CHR. stattgefunden haben

Unter Troja gibt es eine vierte Ruinenschicht mit einer Tiefe von 13 bis 20 Fuß. Das bemerkenswerteste Merkmal dieser ältesten Ruinen ist die Überlegenheit der Terrakotta-Artikel. Diese Vasen haben eine glänzende schwarze, rote oder braune Farbe mit ornamentalen Mustern, die zuerst in die Keramik geschnitten und dann mit einer weißen Substanz gefüllt werden. Das Alter dieser Ruinen „ist reine Vermutung, da die Wechselfälle in der Geschichte der Stadt – häufige Zerstörung und Wiederaufbau – die gleiche praktische Wirkung haben würden wie ein langer Zeitabschnitt, oder fast so sehr. Wir haben ungefähr zwei auf fünftausend Jahre vor Christus als Datum der Gründung des *ersten* Troja. [98]

Chaldäa. — Berosus , ein chaldäischer Priester von Belus, schrieb fast dreihundert Jahre vor Christus eine regelmäßige Geschichte Chaldäas in neun Büchern auf Griechisch. Die Materialien für diese Arbeit stammten aus den Archiven, die damals im Belus-Tempel in Babylon existierten. Das Werk widmete sich insbesondere der Geschichte des Königreichs vor dem Beginn des assyrischen Reiches. Fragmente dieses Werkes sind von Josephus und Eusebius erhalten geblieben. Nachdem er die zyklischen Zeitalter von zehn sagenhaften Königen beschrieben hat, kommt er dann zu dem, was er als wahre Geschichte betrachtet, und zählt einhundertdreiundsechzig Könige von Chaldäa auf, die nacheinander vom Beginn der Liste bis zum Aufstieg des assyrischen Reiches regierten. um das Jahr 1237 v Berosus beginnt mit einer Dynastie von 86 Königen und nennt deren Namen, die heute verloren sind. Er verfügte über keine Chronologie ihrer Zeit, sondern unterzog sie einer zyklischen Berechnung. Seine Liste, die bisher dem Lauf der Zeit und dem Besitzerwechsel entgangen ist, ist somit erhalten:

Erstens sechsundachtzig chaldäische Könige; Geschichte und Zeit mythisch.

Zweitens: acht medische Könige; während zweihundertvierundzwanzig Jahren.

Drittens: elf Könige.

Viertens: neunundvierzig chaldäische Könige.

Fünftens neun arabische Könige; während zweihundertfünfundvierzig Jahren.

Als nächstes kamen die Herrscher des assyrischen Reiches als sechste Dynastie hinzu. Die Leerstellen in der Liste sind zweifellos auf unvorsichtiges Kopieren oder auf Unvollkommenheiten in den Manuskripten zurückzuführen. Um das alte Königreich Chaldäa um das Jahr 2234 V. CHR. BEGINNEN ZU LASSEN, WURDEN die ersten sechsundachtzig Könige von Berosus als Fabelwesen gestrichen und die medische Dynastie als unecht angesehen, und dies ohne ersichtlichen Grund, außer dass dies der Fall ist Ich bin nicht mit der Chronologie einverstanden, die die Verstümmeler der Geschichte akzeptieren.

Untersuchungen, die in den zerstörten Städten Chaldäas durchgeführt wurden, haben der Autorität von Berosus großes Gewicht verliehen und tragen zur Bestätigung seiner Geschichte bei. In Susiana wurde eine von Rawlinson erwähnte kuschitische Inschrift gefunden, deren Datum fast auf das Jahr 3200 V. CHR. ZURÜCKGEHT . Die Aussagen der aus den Ruinen ausgegrabenen Aufzeichnungen sowie von Berosus widersprechen der vorherrschenden Hypothese, dass der Magier oder arische Rasse besetzte das Land vor den Kuschiten . Diese Ruinen „bestätigen auch Berosus , indem sie zeigen, dass Chaldäa eine kultivierte und blühende Nation war, die von Königen regiert wurde, lange bevor die Stadt, die wir als Babylon kennen, zu Bedeutung aufstieg und zum Sitz des Reiches wurde. Während dieser langen Zeit gab es solche mehrere große politische Epochen in der Geschichte des

Landes, die wichtige dynastische Veränderungen und mehrere Verlegungen des Regierungssitzes von einer Stadt in eine andere darstellten. Solche Epochen in der chaldäischen Geschichte werden durch die Liste von Berosus angezeigt . [99]

Dieses Volk verstand die Wissenschaft der Astronomie gut. „Kallisthenes, der Alexander nach Babylon begleitete, sandte von dieser Hauptstadt aus eine Reihe astronomischer Beobachtungen an Aristoteles, die er dort erhalten gefunden hatte und die bis zu einem Zeitraum von eintausendneunhundertdrei Jahren seit Alexanders Eroberung der Stadt zurückreichen … Diese Beobachtungen wurden auf Tafeln aus gebranntem Ton aufgezeichnet … Sie müssen laut Simplicius bis ins Jahr 2234 v. CHR . zurückreichen und scheinen vom primitiven chaldäischen Volk über viele Jahrhunderte hinweg begonnen und weitergeführt worden zu sein. In Babylon wurde in einer Ruinenkammer namens Nimroud eine Linse mit beträchtlicher Leistung gefunden, die zur Vergrößerung oder Bündelung der Sonnenstrahlen verwendet wurde . [100]

China. — Litse , ein bedeutender chinesischer Historiker, berichtet, dass es lange Zeiträume gab, in denen das chinesische Königreich blühte, deren Chronologie nicht überliefert ist, obwohl einiges über die Herrscher bekannt ist. Einer dieser Herrscher förderte das Studium der Astronomie. Als nächstes kommen die historischen Epochen. Während der ersten wurden Astronomie, Religion und die Kunst des Schreibens gepflegt. Dies war eine große Epoche, die von fünfzehn aufeinanderfolgenden Königen regiert wurde. In der zweiten Epoche wurden die Landwirtschaft und die Medizin gefördert. Im dritten Jahr wurde die Magnetnadel entdeckt, die Schriftzeichen verbessert, das zivilisierte Leben vorangetrieben und ein großer Aufstand niedergeschlagen. In der vierten und fünften Epoche regierten die Nachkommen des vorherigen Herrschers. Als nächstes kam die Zeit von Yao und Shin. Danach begann die Periode der „kaiserlichen Dynastien“, die mit Kaiser Yu begann, der zweitausendzweihundert Jahre v. Chr. lebte. Das historische Werk von Sse - mathi -an erzählt chronologisch Ereignisse vom Jahr 2637 V. CHR. bis 122 V. CHR. [101]

Mexiko. — Es ist bekannt, dass es bei den alten Mexikanern reichlich Bücher oder Manuskripte gab. Es gab ordnungsgemäß ernannte Personen, die eine Chronik der vergangenen Ereignisse führen sollten. Las Casas, der die Bücher gesehen hat, sagt, sie hätten den Ursprung des Königreichs sowie die Gründer der verschiedenen Städte genannt und alles andere, was sich zugetragen habe, sei bemerkenswert: wie die Geschichte der Könige, ihre Art der Wahl usw Nachfolge; ihre Mühen, Taten, Kriege, denkwürdigen Taten, ob gut oder schlecht; die Helden anderer Tage, ihre Triumphe und Niederlagen. Diese Chronisten berechneten die Tage, Monate und Jahre. Fast alle diese Bücher wurden auf Betreiben der Mönche und der

unwissenderen und fanatischeren spanischen Priester vernichtet. Eine große
Sammlung dieser alten Schriften wurde auf Anordnung von Bischof
Zumarraga in einem einzigen Brand verbrannt . Einige der Werke blieben
jedoch erhalten, jedoch keines der großen Annalenbücher, die Las Casas
beschrieben hat. [102] Daher muss Mexiko dem Archäologen überlassen
werden , der nicht auf die schriftliche Geschichte zurückgreifen kann.

Kapitel XVI.

SPRACHE.

Der Ursprung und das Wachstum der Sprache bieten offensichtlich ein großes Forschungsfeld, nicht nur um die Entwicklung der Zivilisation zu verfolgen, sondern auch um die Aussagen der Alten und die Schlussfolgerungen der Geologen zu bestätigen. Wenn die Einheit der Sprache nicht hergestellt werden könnte, bliebe immer noch ein Feld übrig, das so groß wäre, dass es weder das Interesse noch die Bedeutung des Themas schmälern würde. Aber eine neue Sprache kann nicht gebildet werden. Der Einfachheit halber wurden die vielen Sprachvarianten in drei große Unterteilungen eingeteilt, *d. h. e.*, der Arier, der Semit und der Turaner . „Das Englische ist zusammen mit allen germanischen Sprachen des Kontinents, dem Keltischen, dem Slawischen, dem Griechischen, dem Lateinischen mit seinen modernen Ablegern wie Französisch und Italienisch, Persisch und Sanskrit, so viele Spielarten einer gemeinsamen Sprachart: des Sanskrit , die alte Sprache des Veda, unterscheidet sich nicht mehr vom Griechischen Homers, ... oder vom Angelsächsischen Alfreds, als Französisch vom Italienischen. Alle diese Sprachen bilden zusammen eine Familie, ein Ganzes, in dem alle Dieses Mitglied hat bestimmte Merkmale mit allen anderen gemeinsam und unterscheidet sich gleichzeitig vom Rest durch bestimmte Merkmale, die ihm eigen sind. Dasselbe gilt für die semitische Familie, deren wichtigste Mitglieder die Hebräer des Alten Testaments sind , das Arabisch des Korans und die alten Sprachen auf den Denkmälern Phöniziens und Karthagos, Babylons und Assyriens. Diese Sprachen bilden wiederum eine kompakte Familie und unterscheiden sich völlig von der anderen Familie, die wir arisch oder indoeuropäisch nannten . Die dritte Sprachgruppe, denn wir können sie kaum als Familie bezeichnen, umfasst die meisten der übrigen Sprachen Asiens und zählt zu ihren Hauptmitgliedern das Tungusische , Mongolische, Türkische, Samojedische und Finnische sowie die Sprachen Siams. die malaiischen Inseln, Thibet und Südindien. Schließlich ist die chinesische Sprache für sich allein einsilbig, der einzige Überrest der frühesten Bildung der menschlichen Sprache." [103]

Vor diesen drei Familien gab es noch eine weitere, aus der diese hervorgingen. Es enthielt die Keime aller turanischen sowie der arischen und semitischen Sprachformen. Sie gehört zu der Periode der Menschheitsgeschichte, in der Ideen zum ersten Mal in Sprache gekleidet wurden, und wird als rhematische Periode bezeichnet. [104]

Bezüglich des Ursprungs der Sprache wurden drei Theorien vorgeschlagen: die Interjektion, die Nachahmung und die Wurzel. Die erste geht davon aus, dass die Anfänge der menschlichen Sprache die Schreie und Geräusche waren, die ausgesprochen werden, wenn ein Mensch von Angst, Schmerz oder Freude betroffen ist. Die zweite geht davon aus, „dass der Mensch, der noch stumm war, die Stimmen von Vögeln, Hunden und Kühen, das Donnern der Wolken, das Brausen des Meeres, das Rauschen des Waldes, das Murmeln des Baches usw. hörte." Flüstern der Brise. Er versuchte, diese Geräusche nachzuahmen, und da er fand, dass seine nachahmenden Schreie als Zeichen für die Objekte, von denen sie kamen, nützlich waren, ging er dieser Idee nach und entwickelte eine Sprache." Die dritte von Max Müller aufgestellte Theorie besagt, dass die Sprache als äußeres Zeichen und Verwirklichung jener inneren Fähigkeit betrachtet wird, die Abstraktionsvermögen genannt wird, und dass die Wurzeln, auf die Sprache reduziert werden kann, eine allgemeine und keine individuelle Idee ausdrücken . [105]

In all diesen Theorien steckt mehr oder weniger Wahrheit. Schon in der allerersten Zeit muss der Mensch über eine Methode verfügt haben, seine Wünsche oder Ideen mitzuteilen. Dem zufälligen Beobachter ist aufgefallen, dass Tiere Methoden haben, miteinander zu kommunizieren. Es ist nicht unwahrscheinlich, dass die einzige Art und Weise des Menschen in der frühesten Zeit das Schreien und Zeichen war. Dies kann sehr lange gedauert haben. Dann begann die Nachahmung. Als nächstes wurde auf Vergleiche zurückgegriffen, als er so weit fortgeschritten war, seine Gedanken zu beschreiben, und schließlich wurden seine Ideen von diesen verschiedenen Anfängen, von notwendigen oder erzwungenen Verbesserungen ausgehend, in Wurzelwörtern ausgedrückt. [106]

Statt dass neue Sprachen entstehen, verändern sich alte Sprachen. Sie sind veränderlich und aus ihnen entstehen neue Dialekte. In der Geschichte der Menschheit hat es nie eine neue Sprache gegeben, und die heute gesprochenen Sprachen sind nur Abwandlungen alter Sprachen. Die Wörter, die heute von allen Menschen verwendet werden, wie auch immer sie zerkleinert, zerdrückt oder zusammengesetzt sind, sind die gleichen Materialien, die in den Anfängen der Sprache verwendet wurden. Neue Wörter sind nur alte Wörter; alt in ihren materiellen Elementen, obwohl sie erneuert und in verschiedene Formen gekleidet werden können. „Die Veränderbarkeit der Sprache und ihre Tendenz zur Variation hören nie auf, so dass sie leicht auf neue Dialekte und Ausspracheweisen stoßen würde, wenn es keine direkte oder indirekte Kommunikation mit dem Mutterland gäbe. In dieser Hinsicht wird ihre Veränderlichkeit der von Arten ähneln." , und es kann genauso wenig unabhängig in getrennten Bezirken entstehen wie Arten, vorausgesetzt, dass diese alle abgeleiteten Ursprungs sind." [107]

Es gibt zwischen viertausend und sechstausend lebende Sprachen. Die Anzahl der unausgesprochenen Sprachen ist nicht bekannt. Ihr Wachstum hat lange gedauert, und im Laufe ihrer Entwicklung ist so mancher Elternstiel nicht mehr vorhanden. Die Veränderungen in einer Sprache werden langsam erzeugt. Es dauert Jahrhunderte, eine Sprache so weit zu verlassen, dass man einen Dolmetscher braucht, um sie zu verstehen. Eine Vorstellung von diesem langsamen Wandel kann man durch den Vergleich der Schriften in englischer Sprache aus verschiedenen Epochen gewinnen. Im Jahr 1362 erschien ein Gedicht mit dem Titel „Piers Ploughman's Creed", das wie folgt beginnt:

„In einer Sommerzeit,
als die Sonne sanft war, wickelte ich mich in Leichentücher [108]
, wie ich ein Schaf [109] war;
in der Kleidung eines
unheiligen Einsiedlers der Werke ,
ging weit in diese Welt, Wunder zu hören; Ac [110] An einem Maimorgen traf ich
auf den Malvern-Hügeln auf eine Fähre, [111]
an eine Fee dachte ich. Usw.

Die geschriebene Sprache ist dauerhafter als die gesprochene, aber der Prozess beider ist zwangsläufig langsam. Wenn man bedenkt, dass eine Sprache sukzessive durch zahlreiche andere abgeleitet wurde, kann keine besondere Grenze oder Zeit angegeben werden, obwohl ein sehr langer Zeitraum erforderlich wäre. Die allgemein akzeptierte Chronologie würde nicht genügend Zeit für die Vielfalt in der semitischen Familie einräumen, ganz zu schweigen von der Zeit, die für die Entwicklung der drei allgemeinen Klassen erforderlich ist.

Kapitel XVII.

EINHEIT DER MENSCHLICHEN RASSE.

Die Theorie der Einheit der Menschheit hat unter Wissenschaftlern zu Meinungsverschiedenheiten geführt. Es war das große Schlachtfeld zwischen Anthropologen, Ethnologen, Geologen, Philologen und Theologen. Auf beiden Seiten waren Männer mit anerkannten Fähigkeiten aufgestellt. Zu den führenden Befürwortern einer Herkunftsvielfalt zählen Agassiz, Sir Roderick I. Murchison, Georges Pouchet , AR Wallace und Schleicher. Aber das Gewicht der Beweise und der Autorität spricht am meisten für die Einheit der Menschheit.

Die Verfechter der Theorie der Vielfalt des Ursprungs der Menschheit haben viele Einwände gegen die Einheit vorgebracht und Argumente für ihre Meinung vorgebracht. Diese lassen sich unter fünf Überschriften zusammenfassen. 1. Die anatomischen Unterschiede zwischen den verschiedenen Rassen und insbesondere diejenigen, die die Schwarzen und Weißen unterscheiden. 2. Die Trennung der Rassen voneinander für unbekannte Zeitalter durch große Ozeane und durch gewaltige und fast unüberwindbare Kontinentalbarrieren. 3. Die Ungleichheit in der Intelligenz und die Stufen in der Zivilisation. 4. Ein Medientyp kann nicht für sich allein existieren, außer unter der Bedingung, dass er von den beiden erstellenden Typen unterstützt wird. 5. Wenn zwei Typen vereint werden, können zwei Phänomene entstehen: *a* : Einer von ihnen wird den anderen absorbieren; oder *b* : Sie können gleichzeitig inmitten einer größeren oder kleineren Anzahl von Hybriden existieren.

Auf diese Einwände oder Argumente können folgende Antworten gegeben werden: 1. Es ist ebenso vernünftig anzunehmen, dass der Mensch ebenso wie die Tiere vom Klima, der Ernährung oder besonderen Bedingungen beeinflusst wird. Es ist bekannt, dass Tiere durch ihre Situation oder Position mehr oder weniger Veränderungen erfahren haben. Elefanten und Nashörner sind fast haarlos. Da bestimmte ausgestorbene Arten, die früher in einem arktischen Klima lebten, mit Haaren oder langer Wolle bedeckt waren, scheint es, dass die heutigen Arten beider Gattungen ihre Haarbedeckung durch Hitzeeinwirkung verloren hatten. Dies wird durch die Tatsache bestätigt, dass die Elefanten der erhöhten und kühlen Gebiete Indiens stärker behaart sind als die im Tiefland. [112] Eine wunderbare Veränderung wird durch den Einfluss des Klimas auf Truthähne bewirkt. In Indien „ist er in seiner Größe stark degeneriert, völlig unfähig, sich auf den Flügeln zu erheben, von schwarzer Farbe und mit langen, herabhängenden Fortsätzen über dem Schnabel, enorm entwickelt." „Im englischen Klima erlangte ein einzelnes Porto-Santo-Kaninchen in weniger als vier Jahren die richtige Fellfarbe zurück." [113] Beobachter sind davon überzeugt, dass ein feuchtes Klima das Haarwachstum von Rindern beeinflusst. Die Bergrassen unterscheiden sich immer von den Tieflandrassen; In einem Gebirgsland würden die Hinterbeine durch stärkeres Training beeinträchtigt, was sich auch auf das Becken auswirken würde, und aufgrund des Gesetzes der homologen Variation wären dann wahrscheinlich die Vorderbeine und der Kopf betroffen . [114] Einer der markantesten Unterschiede zwischen den Menschenrassen besteht darin, dass der Schädel bei manchen länglich oder dolichozephal, bei anderen rund oder brachyzephal ist. Herr Darwin hat beobachtet, dass eine Veränderung in den Schädeln von Hauskaninchen stattfindet; Sie werden länglich, während die des Wildkaninchens abgerundet sind. Er nahm zwei Schädel von fast gleicher Breite, den einen von einem Wildkaninchen und den anderen von einem großen Hauskaninchen, der erstere war nur 3,15 und der letztere 4,3 Zoll lang. Welcker hat beobachtet, „dass kleine Männer eher zur Brachyzephalie und große Männer zur Dolichozephalie neigen; und große Männer können mit den größeren und längerkörperigen Kaninchen verglichen werden, die alle verlängerte Schädel haben." [115] Das Argument der Sprache ist von großem Gewicht, insbesondere wenn man die Farbunterschiede berücksichtigt. Professor Max Müller hat das klar zum Ausdruck gebracht: „Es gab eine Zeit, da lebten die Vorfahren der Kelten, der Germanen, der Slawen, der Griechen und Italiener, der Perser und Hindus zusammen unter einem Dach." „Der Beweis der Sprache ist unwiderlegbar und der einzige Beweis, der es wert ist, im Hinblick auf vorgeschichtliche Perioden beachtet zu werden. Es wäre nahezu unmöglich gewesen, irgendwelche Spuren einer Beziehung zwischen den dunkelhäutigen Ureinwohnern Indiens und ihren Eroberern, sei es Alexander, zu entdecken." oder Clive, aber für das Zeugnis, das durch die Sprache getragen wird." [116] Wenn man die große Zeitspanne seit der Entstehung des Menschen in Betracht zieht, erkennt man, dass genügend Zeit zur Verfügung steht, um die weißen, schwarzen, gelben, roten und braunen Varianten des Menschen hervorzubringen.

2. Das Argument der geografischen Verteilung erscheint kaum stichhaltig, da bekannt ist, dass der Ozean von schwachen Fahrzeugen befahren werden kann und wurde. Leutnant Bligh vom Schiff Bounty in einem kleinen Boot, 23 Fuß lang vom Bug bis zum Heck, tief beladen mit neunzehn Männern und 150 Pfund Brot, 28 Gallonen Wasser, 20 Pfund Schweinefleisch usw ., startete von der Insel Tofoa (Südpazifik) zur Insel Timor, eine Entfernung von dreitausendsechshundert Meilen. Auf dieser Reise erlebte er eine stürmische See und große Gefahren, erreichte aber schließlich sein Ziel. [117] Als die Menschen begannen, sich an der Meeresküste niederzulassen, bauten sie ihre kleinen Schiffe und betrieben eine begrenzte Schifffahrt. Viele gebrechliche Schiffe wurden mit ihrer menschlichen Fracht aufs Meer getrieben, von denen einige auf unbewohnten Inseln landeten. Dies ist bei

den Südseeinselbewohnern häufig vorgekommen. [118] Hätte man vor ein paar Jahren behauptet, dass die Ausbreitung des Menschen teilweise durch die Wirkung von Eis verursacht worden sein könnte, hätte dies keine Beachtung gefunden. Und doch trieben Kapitän Tyson und seine Gruppe, bestehend aus zwölf Männern, zwei Frauen und fünf Kindern, die Teil der Besatzung der unglückseligen Polaris waren, vom 15. Oktober 1872 bis zum 30. April umher. 1873, auf einer Eisscholle und mitten im arktischen Winter. Außer den Vorräten, die sie vor der Polaris gerettet hatten, ernährten sie sich vom Fleisch von Robben, Vögeln und Bären, die sie töten konnten. Jedes Mitglied dieser Gruppe wurde vor der Küste von Labrador gerettet. Es muss außerdem beachtet werden, dass die Erdoberfläche nicht immer gleich war. Die Kontinente haben sich mehr oder weniger verändert, und im Zuge dieser Veränderungen muss sich der Mensch mehr oder weniger getrennt haben.

3. In Bezug auf die Ungleichheit kann man entgegnen, dass die beiden Extrempunkte bei allen Nationen der Erde zu beobachten sind. Sogar in Einzelfamilien gab es Menschen, die sehr kultiviert und kultiviert waren, während andere Mitglieder in Bezug auf Organisation, Gewohnheiten und Geschmack sehr schwach waren. Heutzutage ist es offensichtlich, dass alle Rassen zu einem sehr hohen Grad an Verbesserung fähig sind. Andererseits haben die Nationen Rückschritte gemacht. Die unwissenden, elenden Nomaden, die ihre Zelte inmitten der Ruinen Babylons aufschlagen, sind die Nachkommen der alten gemischten Rassen, die nacheinander Mesopotamien besetzten: die Assyrer, Babylonier, Meder und Perser, die von so berühmten Monarchen wie Salmanassar, Nebukadnezar, Cyrus und andere. Die wild plündernden Araber sind die Nachkommen eines Volkes, das die Algebra erfand und die Ziffern einführte. Die Liste könnte also erweitert werden.

4 und 5. Der vierte und fünfte Punkt läuft auf die Annahme hinaus, dass keine Rasse mit einer anderen verschmelzen wird. Die unter diesen beiden Überschriften zusammengefassten Aussagen sind nicht durch Tatsachen gerechtfertigt. Dr. Prichard sagt: „Menschen aller Rassen und Varietäten sind gleichermaßen in der Lage, ihre Nachkommen durch Mischehen zu vermehren, und solche Verbindungen sind gleichermaßen produktiv, egal ob sie zwischen Individuen der gleichen oder der unterschiedlichsten Varietäten geschlossen werden. Wenn es einen Unterschied gibt, dann diesen." ist wahrscheinlich für Letzteres." [119] Anschließend gibt er einen kurzen Überblick über mehrere Beispiele neuer oder Zwischenbestände, die produziert und vervielfacht wurden. Es sind Griquas, Nachkommen der Holländer und Hottentotten, die die Ufer des Oranje bewohnen und fünftausend Seelen zählen; die Cafusos Brasiliens, eine Mischung aus amerikanischen Ureinwohnern und afrikanischen Negern; die Papuas der Insel Neuguinea, eine Mischung aus Malaien und Negern. Eines der besten bisher eingerichteten Beispiele ist das der Pitcairn-Inselbewohner. Diese

Kolonie entstand auf folgende Weise: Die britische Regierung hatte ein Schiff namens Bounty unter dem Kommando von Leutnant Bligh geschickt, um Brotfruchtbäume in Otaheite zu sammeln und sie in die Westindischen Inseln einzuführen. Bligh war ein herrischer, tyrannischer und grausamer Offizier. Voller Wut und aus Geduld mit dem Vorgesetzten meuterten Mr. Fletcher Christian und andere und brachten Bligh und seine achtzehn Gefährten in die Irre. Die Meuterer gingen weiter nach Tahiti; hier nahmen sie Proviant und Vieh an Bord , neun tahitianische Männer, zwölf Frauen und acht Jungen, die sich versteckt hatten, und fuhren dann weiter nach Toubouai , wo sie eine Siedlung gründeten. Aufgrund von Meinungsverschiedenheiten löste sich die Kolonie auf und zog nach Tahiti. Aber Herr Christian verließ zusammen mit acht anderen Meuterern, drei Toubouaianern , drei tahitianischen Männern mit ihren Frauen und einem Kind sowie neun anderen Frauen die Bounty, landete auf der Insel Pitcairn und brannte dort am 23. die Bounty nieder Januar 1790. In weniger als neun Jahren wurde die Zahl der Männer aufgrund von Unruhen auf zwei, beide Weiße, reduziert , und einer von ihnen starb im darauffolgenden Jahr. Im Jahr 1808 lief das amerikanische Schiff Topaz auf der Insel auf. Die Zahl der Kolonisten betrug damals fünfunddreißig. Im Jahr 1856 war ihre Zahl auf einhundertneunzig angewachsen, und da die Erträge der Insel kaum ausreichten, um sie zu ernähren , wurden sie von der britischen Regierung auf die Norfolkinsel verlegt. Unter ihnen sind nur acht Nachnamen – fünf aus dem Bounty-Stamm und drei Neuankömmlinge. Sie sind eine schöne, gesunde Menschenrasse; Die Männer haben eine helle Kupferfarbe, aber die Frauen sind kaum von englischen Frauen zu unterscheiden. Wenn die Berichte über sie wahr sind, sind sie die bemerkenswertesten Menschen auf der Erde. Sie lassen niemals zu, dass die Sonne in ihrem Zorn untergeht, und sind bekannt für ihre Ehrlichkeit, Wahrheit, Keuschheit, Fleiß, Wohlwollen, Ehrfurcht, Einfachheit und alle Tugenden, die zusammen die wahre Religion ausmachen.

Das Gesetz der Hybridität, das so stark gegen die Einheit der Rasse vorgebracht wurde, hat sich als Argument dafür erwiesen. Die Nachkommen von Vögeln, die der Hausgans und der großen Flugente ähneln, vermehren ihre Art nicht. Maultiere können ihre Art nicht verewigen. Die verschiedenen Pferdearten, wie das kleine schwarze Shetlandpony und der große weiße Araber, vermehren sich nicht nur miteinander, sondern diese Hybriden werden auch weiterhin ihre Art verewigen und so ihre Artidentität unter Beweis stellen. Das Gleiche gilt für die Kreuzung zwischen dem vollkommensten und dem niedrigsten Menschentyp. Wenn einige dieser Mischungen innerhalb weniger Generationen aussterben, liegt das nicht an ihrer Hybridität, sondern an der schlichten Verletzung von Naturgesetzen. Wenn die Vertragsparteien einer Ehe dieselbe Verfassung haben, wird es keinen Streit geben; Wenn die Konstitutionen, oder besser gesagt, die

Temperamente im Wesentlichen zu sehr gleich sind, wird das Problem, wenn überhaupt, entweder eine Totgeburt sein oder sehr bald nach der Geburt sterben; Wenn die Vertragsparteien ein zusätzliches Element haben, wird die Emission nur von kurzer Dauer sein, obwohl sie möglicherweise zu den Jahren der Fälligkeit gelangen. [120] Diese Gesetze gelten sowohl für die gemischte als auch für die ungemischte Menschheit.

Die enge Verwandtschaft aller Rassen, ihre Unterwerfung unter dieselben allgemeinen Gesetze, ihre Fähigkeit zur geistigen und moralischen Verbesserung und die faktische Einheit ihrer Sprachen führten zu der Schlussfolgerung, dass ein Geburtsort allen gemeinsam war. Wenn dieser Ort Zentralasien oder ein anderer Ort ist, muss es lange vor der traditionellen Zeit gewesen sein, als der eine Stamm aufgelöst und Nationen gebildet wurden.

Rassen verändern sich so langsam, dass sie scheinbar stationär sind. Auf den altägyptischen Denkmälern finden sich Darstellungen des Negers, die genau die gleichen Merkmale aufweisen, die diese Rasse in der heutigen Zeit charakterisieren; und einige dieser Gemälde stammen aus dem Jahr 2000 V. CHR

Aufgrund der Einheit der Rasse und der Beständigkeit des Typs muss dann eine fast unglaubliche Zeitspanne eingeplant werden, um die große Ungleichheit, die die verschiedenen Typen der Menschheit aufweisen, zu ermöglichen.

Kapitel XVIII.

DIE BIBEL UND DIE WISSENSCHAFT.

Kein Buch hat so viele Kontroversen ausgelöst wie die Bibel. Es wurde geschaffen, um für die Torheit seiner Freunde und Feinde zur Verantwortung zu ziehen. Die heftigen Angriffe des Skeptikers waren das legitime Ergebnis der absurden Behauptungen seiner unwissenden, aber zu eifrigen Freunde. Die Bibel erhebt keine solchen Ansprüche an sich selbst, wie sie oft an sie gestellt werden. Seine Bedeutung wurde pervertiert, Sätze verzerrt und Wörter geändert, um der Launenhaftigkeit seiner Befürworter gerecht zu werden. Wenn es eine lebendige, sprechende Existenz wäre, würde es sicherlich darum betteln, von seinen Freunden befreit zu werden. Es wurde so gestaltet, dass es im Widerspruch zu den Untersuchungen der Wissenschaft steht, und diejenigen, die sich mit der Interpretation der Naturgesetze befassen, wurden als Ungläubige gebrandmarkt, obwohl sie möglicherweise fromme und ehrfürchtige Geister haben. Die Bibel ist kein Buch der Wissenschaft und erhebt auch nicht den Anspruch, ein Buch der Wissenschaft zu sein. Es ist als Buch über Religion und Geschichte der antiken Juden konzipiert, und seine Hinweise auf wissenschaftliche Fragen sind nur beiläufig. Sollten die Verweise auf die Wissenschaft oder der Schöpfungsbericht radikal falsch sein, würden seine Lehren zu Fragen der Moral und Religion dadurch nicht ungültig. Der Christ oder der Jude hat von den Ergebnissen wissenschaftlicher Untersuchungen nichts zu befürchten. Aber ihm obliegt die Pflicht, seine fantasievollen Interpretationen zu verlassen und zur wahren Bedeutung der Heiligen Schrift zu gelangen und dort zu erfahren, wie die Worte von denen verstanden wurden, an die sie ursprünglich gerichtet waren. Die Bedeutung von Wörtern, wie sie im 19. Jahrhundert verwendet wurden, darf nicht mit ihrer Bedeutung in der Vergangenheit in Verbindung gebracht werden. Es gibt eine große Distanz, die die Gegenwart von der Zeit der Hebräer und ihre Sprache und Gedanken von der englischen Sprache und dem modernen Denken trennt. Die alten Hebräer neigten nicht zu wissenschaftlichen Bestrebungen und dürften in ihrer Zivilisation vergleichsweise wenig fortgeschritten gewesen sein.

Hier geht es nicht darum, die zwischen der Heiligen Schrift und der Wissenschaft aufgeworfenen Punkte zu untersuchen, sondern die Untersuchung auf solche Fragen zu beschränken, wie sie in den vorangegangenen Kapiteln gefordert wurden.

Schaffung. — Das erste und zweite Kapitel der Genesis lehren nicht nur, dass Gott der Schöpfer des Himmels und der Erde ist, sondern geben auch die Reihenfolge der Nachfolge an. Es wird nicht behauptet, dass die Welt aus dem Nichts erschaffen wurde. Das Wort „bara", übersetzt „erschaffen", hat verschiedene Bedeutungen. Laut Gesenius bedeutet es *schneiden* , *ausschneiden* , *schnitzen* , *formen* , *erschaffen* , *produzieren* , *zeugen* , *hervorbringen* , *ernähren* , *essen* , *fett werden* , *gestalten* , *machen* . [121] Die vorgestellte Idee scheint folgende zu sein: Der Autor behauptet, dass Himmel und Erde ihren Ursprung Gott verdanken. Dann geht er zurück und erklärt die aufeinanderfolgenden Phasen der Schöpfung. Zu Beginn der Arbeit war die Erde formlos und leer oder in einem nebulösen Zustand, und aus dieser bereits existierenden Masse wurden die Welten entwickelt. Wann diese Messe entstanden ist, wenn überhaupt, gibt der Autor der Genesis nicht an.

Für die Entstehung der Erde werden sechs Perioden oder „Tage" angegeben. Die Verwendung der Wörter „Abend und Morgen" führt natürlich zu dem Schluss, dass die *Tage* jeweils vierundzwanzig Stunden lang waren. Diese Schlussfolgerung wird jedoch durch die Verwendung des Wortes *Tag* im zweiten Kapitel und im vierten Vers in Frage gestellt, wo die gesamte Schöpfungswoche als *Tag bezeichnet wird* . Das mit „Tag" übersetzte Wort bedeutet ebenfalls *Zeit* , ist aber allgemein im Sinne des bürgerlichen Tages zu verstehen – von Sonnenaufgang bis Sonnenuntergang. Hugh Miller vertrat die Meinung, dass Moses die Schöpfung in einer Vision dargestellt wurde. Die Perioden vergingen nacheinander vor seinem Geist und hatten das Aussehen von Tagen. Der Abend war der Abschluss einer Zeitspanne und der Morgen der Beginn einer anderen Zeitspanne. [122] Wäre eine Beschreibung der verschiedenen Lebensordnungen gegeben worden, wäre sie für dieses primitive Volk unverständlich gewesen. Es war nicht die Absicht, Geologie zu unterrichten. Die Menschen waren auf solche wissenschaftlichen Erkenntnisse nicht vorbereitet. Aber die einfache Aussage, dass Gott der Urheber aller Dinge ist, konnte und wurde von den Israeliten verstanden.

Am sechsten Tag erscheint der Mensch; aber es gibt zwei Aufzeichnungen, und in ihnen wird er auf unterschiedliche Weise und für unterschiedliche Zwecke dargestellt. Im ersten Bericht wird der Mensch nach dem Bilde Gottes geschaffen und ihm wird die Herrschaft über die Lebewesen übertragen, und ihm wird befohlen, sich die Erde zu unterwerfen. Der zweite Bericht besagt, dass es keinen Menschen gab, der den Boden bestellte, und dass der Herr den Menschen aus dem Staub des Bodens formte und ihm den Atem des Lebens in die Nase hauchte; und der Mensch wurde eine lebendige Seele. Der zweite Bericht kann nicht, wie angenommen wurde, eine Wiederholung des ersten sein. Die beiden Konten unterscheiden sich grundlegend. Ein Bericht besagt, dass der Mensch über Tiere, Vögel und Fische herrscht; das andere, um den Boden zu bestellen oder zu kultivieren. Dies stimmt mit der Archäogeologie überein . Männer waren schon viele Jahrhunderte Jäger, bevor sie Landwirte wurden. Der eine Bericht besagt, dass der Mensch nach dem Bild Gottes geschaffen wurde, der andere eine *lebende Seele* . Das „Bild Gottes" und die „lebende Seele" mögen dasselbe sein, aber warum die Änderung? Möglicherweise gibt es dafür eine Ursache. Wenn die Theorie der Vision wahr ist, dann sah Moses den Menschen in zwei Fähigkeiten, die sich voneinander unterschieden. Der Mensch mag das „Ebenbild Gottes" sein und sich dennoch in einem niedrigen, wilden Zustand befinden – er lebt von der Jagd. Der Mensch kann aus diesem Zustand erweckt werden, das „Bild Gottes" kann seine Majestät behaupten und den Menschen zu einem religiösen, verehrenden Wesen machen. [123] Dass es zwei Klassen gab, lässt die Aufzeichnung vermuten. Kain zieht in das Land Nod, wo seine Frau schwanger wird und er eine Stadt baut. Woher bekam Kain seine Frau und warum baute er eine Stadt? Über die Geburt seiner Frau wird nicht berichtet, aber die natürliche Schlussfolgerung ist, dass er sie im Land Nod erhalten hat. [124] Es wurde behauptet, dass Kain seine Schwester geheiratet habe. Wenn das wahr wäre, wäre es sicherlich erwähnt worden. Es ist eine zu wichtige Angelegenheit, als dass sie der Aufmerksamkeit entgangen wäre. Wenn er seine Schwester heiratete , beging er ein abscheuliches Verbrechen. Wenn es damals richtig war, ist es jetzt genau so. Die Stadt, die er baute, muss mehr als ein *Lager* oder eine *kleine Festung* gewesen sein . (Das mit „Stadt" übersetzte Wort hat auch diese Bedeutung.) Es hätte keine Bedeutung gehabt. Es muss ein Ort von einiger Bedeutung gewesen sein, der für mehr Personen als Kain, seine Frau und seinen Sohn gedacht war. Nimmt man alle Umstände zusammen, einschließlich der Furcht Kains: „Jeder, der mich findet, wird mich töten", scheint es, dass der Zweck dieser Stadt darin bestand, für Einzelpersonen der voradamischen Familie zu sorgen, die östlich von Eden lebten, und möglicherweise sich in ihre Gunst einzuschmeicheln.

Dann wiederum im sechsten Kapitel: „Die Söhne Gottes sahen die Töchter der Menschen, dass sie schön waren; und sie nahmen ihnen alle zu Frauen, die sie wollten." Darauf folgte große Bosheit, in deren Folge die Welt durch eine Flut zerstört wurde. Wer waren die „Söhne Gottes" und wer die „Töchter der Menschen"? Warum nicht die Töchter Gottes? Die „Söhne Gottes" müssen die direkten Nachkommen Adams und die „Töchter der Menschen" die Nachkommen der voradamischen Rasse gewesen sein. Die hervorgebrachte Mischlingsrasse war ein Ungeheuer, [125] und ihr Geist war ständig darauf aus, Böses zu tun. Diese Söhne Adams müssen rückschrittlich gewesen sein, sonst hätten sie nicht nach Frauen aus einem niedrigeren Volk gesucht. Aufgrund der Naturgesetze waren ihre Nachkommen niedriger als die beiden Rassen, da zu den brutalen Naturen des voradamischen Typs die natürliche Weisheit der Adamier hinzugefügt wurde, was zu List und List in ihrer Bosheit führte. [126] Wenn ihnen strenge moralische Gesetze aufgezwungen worden wären, wäre das Ergebnis umgekehrt gewesen.

Chronologie. — Die am Rande der Bibel angegebene Chronologie ist eine bloße Erfindung und hat viel Unheil angerichtet. Es gibt nichts, was dies rechtfertigt, und es kann keine Entschuldigung dafür vorgebracht werden. Die Bibel gibt keine eindeutige Chronologie für diese frühen Zeiten. Dass in diesen Chronologien kein Zusammenhang hergestellt werden kann, zeigen die Diskrepanzen zwischen der Septuaginta und den hebräischen Texten. [127] Die Septuaginta datiert die Sintflut achthundert Jahre weiter zurück als die gewöhnliche Bibel. „Eine Variationsspanne von acht Jahrhunderten zwischen zwei Versionen desselben Dokuments ist eine so enorme Variation, dass sie das gesamte Interpretationssystem, auf dem solche Zeitberechnungen basieren, völlig in Frage zu stellen scheint." [128]

Die Sintflut. – Geht man davon aus, dass die Sintflut 3149 V. CHR. statt 2349 V. CHR. STATTGEFUNDEN hat, bleibt immer noch nicht genügend Zeit, um die Erde wieder zu bevölkern und die mächtigen Reiche zu bilden, die in der antiken Geschichte aufgezeichnet wurden. Der Herzog von Argyle hat zu Recht bemerkt: „Die Gründung einer Monarchie ist nicht der Beginn einer Rasse. Die Menschen, unter denen solche Monarchien entstanden, müssen über viele Generationen hinweg gewachsen sein und sich versammelt haben." Die Bevölkerung Ägyptens ist nicht die einzige Schwierigkeit. „Die Existenz einer so organisierten Regierung wie die von Kedorlaomer in den Tagen Abrahams zeigt, dass zweitausend Jahre V. CHR. In Elam, jenseits Mesopotamiens, eine Nation nährte, die auch jetzt noch zu den ‚Großmächten' gezählt werden würde." [129] Dann waren die charakteristischen Merkmale des Negers, einer der am stärksten ausgeprägten unter den menschlichen Spielarten, im Jahr 2000 V. CHR. EBENSO STARK AUSGEPRÄGT wie heute.

Diese Aussagen lassen den Schluss zu, dass die Sintflut nicht universell war. In den meisten Ländern gibt es eine Tradition von einer Überschwemmung, aber „die Denkmäler der beiden ältesten Zivilisationen, von denen wir wissen – die ägyptische und die chinesische – enthalten keinen Bericht oder eine Anspielung auf Noahs Sintflut." [130] Viele dieser Überlieferungen beziehen sich zweifellos auf eine lokale Überschwemmung. Die Bibelstellen scheinen die Universalität der Sintflut zu lehren, aber dieselben Ausdrücke, die die Idee der Universalität vermitteln, werden manchmal in einem begrenzten Sinne verwendet und beziehen sich nur auf das Heilige Land und die angrenzenden Regionen. Die Frage ist zweifelhaft, ob der heilige Historiker meint, dass die noachische Sintflut universell gewesen sei oder nur eine lokale Katastrophe.

Monarchien. – In der Heiligen Schrift heißt es nicht, dass Nimrod der erste Monarch war, sondern „der Anfang seines Königreichs war Babel, Erech , Akkad und Kalne ". Es wird auch nicht behauptet, dass er diese Städte gegründet habe. Er war ein mächtiger Jäger und diese Städte waren der *Beginn seines Königreichs* .

Die Zerstreuung. — Der Bau des Turmbaus zu Babel ist kein Mythos, sondern eine wahre Realität. Ein Teil des mächtigen Bauwerks steht noch immer als Ruinenberg und zeugt von der enormen Arbeit, die für den Bau erforderlich war. Die Geschichte wird in wenigen Worten erzählt, und diese Worte umfassen Jahrhunderte. Die Leute, die an seinem Aufbau beteiligt waren, sprachen eine Sprache, aber als diese Sprache verwirrt wurde , brach das Reich auseinander. Die Erzählung scheint den Gebrauch nur einer Sprache auf der ganzen Erde zu lehren. Dr. FH Hedge sagt in seiner Predigt über „die große Zerstreuung“: „Darüber hinaus ist der Ausdruck ‚die ganze Erde‘, wie er in der Bibel üblicherweise verwendet wird, nicht in einem absoluten oder wissenschaftlichen Sinne zu verstehen. Das ist nicht der Fall.“ soll den gesamten Globus oder sogar den größeren Teil davon umfassen, wird aber lose verwendet, um den gesamten bestimmten Teil zu bezeichnen, den der Autor oder Sprecher zu diesem Zeitpunkt im Kopf hat. Im vorliegenden Fall bezeichnet es das Land, das an den Globus grenzt Tigris und Euphrat. [131] Wenn die Ansichten dieses bedeutenden Theologen richtig sind, dann ist nach demselben Interpretationsprinzip die Einheit der gesprochenen Sprache auf das Land beschränkt, das an Tigris und Euphrat grenzt.

Es besteht keine Notwendigkeit einer übernatürlichen Hilfe für die Entstehung der Sprache. Als die Tiere zu Adam gebracht wurden, gab er ihnen bereitwillig Namen, denn er hatte die Sprache von seinen Vorgängern übernommen, und nun, da er eine besonders auserwählte Person war, würden ihn seine Gaben dazu veranlassen, diese noch energischer anzuwenden verwenden.

Es ist nicht unglaublich, dass Gott die Welt in einem Zeitraum von sechs Tagen zu je vierundzwanzig Stunden erschaffen und mit unzähligen Wesen bevölkern konnte. Es ist nicht unglaublich, dass eine Katastrophe jedes Lebewesen zerstören, einige wenige retten und die entlegensten Grenzen der Erde bedecken könnte. Es ist für Gott möglich, alles zu tun, außer das, was seinem Charakter widerspricht. Was Gott tun kann und was Er tut, sind zwei sehr unterschiedliche Dinge. Was Er getan hat, lässt sich nur anhand der Beweise sagen, die Er hinterlassen hat. Was er getan haben könnte, ist nur Spekulation. Der Mensch kann nur anhand der ihm vorgelegten Fakten urteilen. Er beobachtet den Lauf der Natur und zieht aus diesen Beobachtungen seine Schlussfolgerungen.

Die Welt der Natur und der Geist der Offenbarung scheinen, wenn man sie richtig versteht, im Einklang zu sein. Der Mensch soll nicht die Augen verschließen und sich der Führung durch die Wissenschaft verweigern und mit blinder Leichtgläubigkeit die Geschichten und Vorurteile seiner Großväter akzeptieren.

NOTIZ. – Dekan Stanley, ein bedeutender Geistlicher der Kirche von England, vertritt in seiner Ansprache bei der Beerdigung von Sir Charles Lyell ungewöhnliche Argumente für einen Theologen. Er soll gesagt haben, dass es zwei Arten gab und gibt, den Buchstaben der Heiligen Schrift mit der Geologie in Einklang zu bringen, aber jede davon ist völlig und zu Recht gescheitert. Einer dieser Versuche, den Worten der Bibel ihre wahre Bedeutung zu entreißen und sie dazu zu zwingen, die Sprache der Wissenschaft zu sprechen; die andere versucht, die Wissenschaft zu verfälschen, um den angeblichen Anforderungen der Bibel zu genügen. Aber es gibt noch eine andere Versöhnung höherer Art, oder vielmehr eine Anerkennung der Affinität und Identität, die zwischen dem Geist der Wissenschaft und dem Geist der Bibel besteht. Erstens gibt es eine Ähnlichkeit mit dem allgemeinen Geist der biblischen Wahrheiten; und zweitens gibt es eine Ähnlichkeit in den Methoden. Der Rahmen dieser Erde wurde nach und nach durch das langsame und stille Wirken derselben Ursachen in seinen gegenwärtigen Zustand gebracht, die wir jetzt über eine lange Abfolge von Zeitaltern wirken sehen, die jenseits der Erinnerung und Vorstellungskraft des Menschen liegen. Wir erwarten nicht, dass diese Lehre mit dem Buchstaben der Bibel übereinstimmt. Die frühen biblischen Aufzeichnungen konnten keine wörtlichen, prosaischen und sachlichen Beschreibungen des Anfangs der Welt sein. Es ist jetzt klar, dass das erste und das zweite Kapitel der Genesis zwei Erzählungen über die Schöpfung nebeneinander enthalten, die sich in fast allen Einzelheiten der Zeit, des Ortes und der Reihenfolge voneinander unterscheiden. Es ist jetzt bekannt, dass die riesigen Epochen, die die wissenschaftliche Beobachtung erfordert, sowohl mit den sechstausend Jahren der mosaischen Chronologie als auch mit den sechs Tagen der mosaischen Schöpfung unvereinbar sind. Es zeigt sich, dass die Entdeckungen der Geologie die alten religiösen Wahrheiten mit neuem Leben füllen und ihnen wiederum heiligen Ruhm verleihen.

FUSSNOTEN

[1] „Prähistorische Zeiten", S. 2.

[2] Buchner, S. 269.

[3] „Der Mensch in Vergangenheit, Gegenwart und Zukunft", S. 238.

[4] „Altertum des Menschen", S. 68.

[5] Entdeckungen dieser Art wurden 1829 gemacht. – Kellers „Lake-Dwellings", S. 11.

[6] „Principles of Geology", Bd. ich . P. 286.

[7] „Pre-Historic Times", S. 418.

[8] „Handbuch der Geologie", S. 590.

[9] „Antiquity of Man", S. 282, 285.

[10] „Pre-Historic Times", S. 417.

[11] Principles of Geology, Bd. ich . P. 285; „Vorgeschichtliche Zeiten", S. 411.

Herr Croll glaubt, dass aufgrund von Schwankungen in der Exzentrizität der Erdumlaufbahn „Kälteperioden regelmäßig alle zehntausend oder fünfzehntausend Jahre wiederkehren; dass die Kälte jedoch in viel längeren Abständen aufgrund bestimmter Eventualitäten äußerst schwerwiegend ist und etwa einen Monat lang anhält." sehr lange Zeit; und die letzte große Eiszeit ereignete sich vor etwa zweihundertvierzigtausend Jahren und dauerte mit geringfügigen Klimaveränderungen etwa einhundertsechzigtausend Jahre lang." – Darwin's *Origin of Species* , S. 343.

[12] Es wäre plausibel anzunehmen, dass das Eis viel schneller schmolz als allgemein angenommen. Charles Darwin, in seiner „Reise des Naturforschers um die Welt", S. 245 heißt es: „Während eines sehr trockenen und langen Sommers verschwand der gesamte Schnee vom Aconcagua, obwohl er die gewaltige Höhe von 23.000 Fuß erreicht. Es ist wahrscheinlich, dass ein Großteil des Schnees in diesen großen Höhen verdunstet ist, anstatt." aufgetaut."

[13] „Principles of Geology", Bd. ii, S. 567–569.

[14] Buchner, S. 118

[15] „Pre-Historic Times", S. 362.

[16] „Altertum des Menschen", S. 97; „Vorgeschichtliche Zeiten", S. 315.

[17] The „Science Record" für 1874, S. 501 sagt über diese Geräte: „Nach der niedrigsten Schätzung wurden die Feuersteinwaffen vor einer halben Million Jahren hergestellt."

[18] „Altertum des Menschen", S. 98. „Pre-Historic Times", S. 317.

[19] „Altertum des Menschen", S. 338; Büchner, 27.

[20] „Altertum des Menschen", S. 510; Buchner, S. 27.

[21] Buchner, S. 118, 306.

[22] Buchner, S. 239.

[23] „Prinzipien", Bd. ii, S. 566.

[24] „Altertum des Menschen", S. 63.

[25] Die British Association schätzt, dass es zwanzigtausend Jahre dauert, um einen Fuß Stalagmit zu produzieren . – *Science Record.* 1874, S. 601.

[26] „Prinzipien", Bd. ii, S. 527.

[27] „Der Platz des Menschen in der Natur", S. 146.

[28] „Pre-Historic Times", S. 337.

[29] „Altertum des Menschen", S. 80.

[30] „Der Platz des Menschen in der Natur", S. 143.

[31] „Altertum des Menschen", S. 80.

[32] Buchner, S. 263.

[33] *Ebenda.* P. 262.

[34] „Der Platz des Menschen in der Natur", S. 158.

[35] Buchner, S. 241.

[36] Buchner, S. 240.

[37] *Ebenda.* P. 241.

[38] „Der Platz des Menschen in der Natur", S. 164.

[39] Buchner, S. 116.

[40] „Altertum des Menschen", S. 84.

[41] *Ebenda.* , P. 53.

[42] „Altertum des Menschen", S. 84.

[43] Buchner, S. 54.

[44] Buchner, S. 242.

[45] Dentons „Our Planet", S. 270.

[46] Buchner, S. 265.

[47] *Ebenda.* , P. 54.

[48] *Ebenda.* , P. 242.

[49] „Pre-Historic Times", S. 422.

[50] *Ebenda.* , P. 423.

[51] Wallaces „Natural Selection, S. 322."

[52] Buchner, S. 34, 252.

[53] Buchner, S. 242.

[54] Buchner, S. 31; „Vorgeschichtliche Zeiten", S. 420.

[55] Buchner, S. 33; „Vorgeschichtliche Zeiten", S. 421.

[56] Dentons „Our Planet", S. 270; „American Phrenological Journal, Februar." 1874.

Nachdem ich in einer der Zeitungen die Aussage gesehen hatte, dass dieser Schädel nicht echt, sondern ein Scherz über Professor Whitney sei, schrieb ich am 19. März 1875 an Professor W. Denton aus Wellesley, Masschussetts , und erkundigte mich danach. Einige Tage später erhielt ich von ihm die Aussage, dass er den Fundort des Schädels besucht habe; dass bestimmte Personen ihm versicherten, dass Professor Whitney Opfer eines Witzes geworden sei. Doch diese Personen hatten den Schädel nie gesehen und hatten Vorurteile gegenüber Professor Whitney. Die am besten informierten Personen hatten allen Grund zu der Annahme, dass die Aussagen von Professor Whitney wahr seien. Der Schädel ist sehr bemerkenswert und zeichnet sich allein durch die enorme Größe der Augenhöhlen aus, und ich habe gute Gründe zu der Annahme, dass er wie angegeben gefunden wurde.

[57] „Mehrere Geologen sind aufgrund direkter Beweise davon überzeugt, dass Eiszeiten während der miozänen und eozänen Formationen auftraten, ganz zu schweigen von noch älteren Formationen." – Darwin's *Origin of Species* , S. 343.

[58] „Pre-Historic Times", S. 421; Büchner, 32.

[59] „Pre-Historic Times", S. 422.

[60] Buchner, S. 32.

[61] „American Phrenological Journal", Februar 1874.

[62] Buchner, S. 274.

[63] „Unser Planet", S. 266.

[64] „Science Record", 1874, S. 499.

[65] „Pre-Historic Times", S. 315.

[66] „Ursprung der Zivilisation", S. 121.

[67] Figuiers „Primitive Man", S. 116.

[68] Buchner, S. 248.

[69] Buchner, S. 247; „Kellers Pfahlbauten."

[70] „Lake-Dwellings", S. 37, 334, 350, 360.

[71] „Pfahlwohnungen", S. 394.

[72] „Pfahlwohnungen", S. 396.

[73] „Primitive Man", S. 219.

[74] „Primitive Man", S. 293.

[75] „Pre-Historic Times", S. 76.

[76] „Primitive Man", S. 200.

[77] „Lake Dwellings", S. 319.

[78] „Pre-Historic Times", S. 218; „Primitiver Mensch", S. 281.

[79] „Pfahlwohnungen", S. 400.

[80] „Science Record", S. 564. 1875.

[81] „American Phrenological Journal", Februar 1874.

[82] Wilsons „Pre-Historic Man", S. 40.

[83] „Der prähistorische Mensch", S. 46.

[84] „Altertum des Menschen", S. 200; „Prinzipien der Geologie", Bd. ich . P. 454.

[85] „Altertum des Menschen", S. 43; „Der prähistorische Mensch", S. 47.

[86] „Altertum des Menschen", S. 44.

[87] „Primitive Man", S. 9, 77.

[88] „Der prähistorische Mensch", S. 236.

[89] „Ancient Monuments", S. 304.

[90] Buchner, S. 35.

[91] Rollin, Bd. ich . P. 138.

[92] Anthons klassisches Wörterbuch, S. 788.

[93] Buchner, 254.

[94] „New York Tribune", 6. Juni 1874.

[95] Rawlinsons Herodot, Bd. ii. P. 189.

[96] „Principles of Geology", Bd. ich . P. 432.

[97] „Altertum des Menschen", S. 36.

[98] Bayard Taylor in „New York Tribune, Extra", Nr. 15.

[99] „Prähistorische Nationen", S. 190.

[100] *Ebenda.* S. 178, 175.

[101] „Prähistorische Nationen", S. 37.

[102] „Ancient America", S. 187.

[103] „Chips aus einer deutschen Werkstatt", Bd. ich . P. 21.

[104] *Ebenda.* Bd. ii. P. 8.

[105] Wakes „Chapters on Man", S. 33.

[106] „ Diodorus Siculus, Lucretius, Horaz und viele andere griechische und römische Schriftsteller betrachten die Sprache als eine der vom Menschen erfundenen Künste. Die ersten Menschen, sagen sie, lebten eine Zeit lang in Wäldern und Höhlen nach der Art von Tiere, die nur verworrene und undeutliche Laute von sich gaben, bis sie, um sich gegenseitig zu helfen, nach und nach dazu kamen, gemeinsam vereinbarte artikulierte Laute als willkürliche Zeichen oder Markierungen jener Ideen im Kopf des Sprechers zu verwenden, die er dem Sprecher mitteilen wollte Hörer. Diese Meinung entsprang der atomaren Kosmogonie, die von Mochos , dem Phönizier , formuliert und später von Demokrit und Epikur verbessert wurde." – Pouchet *Pluralität der Menschheit* , S. 142.

[107] „Principles of Geology", Bd. ii. P. 475. „Es ist allgemein anerkannt, dass alle organischen Wesen auf zwei großen Gesetzen gebildet wurden – der Einheit des Typs und den Bedingungen der Existenz. Mit Einheit des Typs ist die grundlegende Übereinstimmung in der Struktur gemeint, die wir bei organischen Wesen derselben Klasse sehen." , und das ist völlig unabhängig von ihren Lebensgewohnheiten. Nach meiner Theorie wird die Einheit des Typs durch die Einheit der Abstammung erklärt." – Darwin's *Origin of Species* , S. 200.

[108] Ich ziehe mich an.

[109] Hirte.

[110] Und.

[111] Wunder.

[112] „Descent of Man", Bd. ich . P. 143.

[113] Mivarts „Genesis of Species", S. 114.

[114] „Ursprung der Arten", S. 193.

[115] „Descent of Man", Bd. ich . P. 142.

[116] „Chips", Bd. ich . S. 63, 62.

[117] Lady Belchers „Meuterer der Bounty", S. 61.

[118] „Kapitän Cook fand auf der Insel Wateoo drei Einwohner von Otaheite, die in einem Kanu dorthin getrieben worden waren, obwohl die Entfernung zwischen den beiden Inseln fünfhundertfünfzig Meilen beträgt. Im Jahr 1696 zwei Kanus mit dreißig Personen , die Ancorso verlassen hatten , wurden durch Gegenwinde und Stürme auf die Insel Samar, eine der Philippinen, in einer Entfernung von achthundert Meilen geschleudert. Im Jahr 1721 wurden zwei Kanus, von denen eines vierundzwanzig und das andere sechs enthielt, zurückgeworfen Personen, Männer, Frauen und Kinder, wurden von einer Insel namens Farroilep über eine Entfernung von zweihundert Meilen zur Insel Guaham , einer der Marianer, getrieben . Kadu, ein Eingeborener aus Ulea , und drei seiner Landsleute wurden während der Fahrt in einem Boot von einem heftigen Sturm aufs Meer hinausgetrieben und trieben acht Monate lang auf dem Meer umher, wobei sie sich ausschließlich von den Produkten des Meeres ernährten, und wurden schließlich getötet in einem gefühllosen Zustand von den Bewohnern von Aur (Karolineninseln) aufgenommen, 1.500 Meilen von seiner Heimatinsel entfernt. – Principles *of Geology* , Bd. ii. P. 472.

[119] „Natural History of Man", Bd. ich . P. 16.

[120] Powells „Human Temperaments", S. 180.

[121] Die Idee, dass „bara" bedeutet, aus dem Nichts zu erschaffen, ist eine moderne Erfindung und wurde höchstwahrscheinlich durch den Kontakt zwischen Juden und Griechen in Alexandria hervorgerufen. Die Griechen glaubten, dass die Materie mit dem Schöpfer gleich ewig sei, und es stand wahrscheinlich im Widerspruch zu dieser Vorstellung, dass die Juden zuerst behaupteten, dass Gott alle Dinge aus dem Nichts erschaffen habe. Das Wort ruft jedoch nur die einfache Vorstellung von *Gestalten* oder *Ordnen* hervor . – *Chips* , Bd. ich . P. 132.

[122] „Zeugnis der Felsen", Fünfte Vorlesung.

[123] Rev. Dr. JP Thompson stellt Adam als einen typischen Mann dar (Man in Genesis and Geology, S. 105); Lubbock betrachtet ihn als einen typischen Wilden (Origin Civilization, S. 361). Warum nennen wir ihn nicht den ersten großen Prototyp der Menschheit?

[124] Das Wort *Nod* bedeutet „*wandern* ", „*getrieben werden* " usw. Es scheint zur Zeit des Brudermords ein bekannter Name gewesen zu sein. Es war damals der Name eines Landes oder eines Landesteils. Könnte es nicht sein, dass es dort umherziehende Stämme gab, und von ihnen wurde der Ort „Wanderland" genannt?

[125] Nachdem Dr. Livingstone von einem Mischlingsmann am Sambesi gesprochen hat, den die Portugiesen als ein seltenes Monster der Menschheit beschrieben haben, „bemerkt er: „Es ist unerklärlich, warum Mischlingsmenschen wie er so viel mehr sind. " grausamer als die Portugiesen, aber das ist zweifellos der Fall.' Ein Einwohner bemerkte zu Livingstone: „Gott hat weiße Männer geschaffen, und Gott hat schwarze Männer geschaffen, aber der Teufel hat halbe Kasten geschaffen." Wenn zwei Rassen gekreuzt werden, die beide niedrig auf der Skala stehen, scheinen die Nachkommen äußerst schlecht zu sein. So spricht der edle Humboldt in deutlichen Worten von der schlechten und wilden Veranlagung der Zambos oder Mischlinge zwischen Indianern und Negern; und Zu dieser Schlussfolgerung sind verschiedene Beobachter gelangt. Aus diesen Tatsachen können wir vielleicht schließen, dass der erniedrigte Zustand so vieler Mischlinge zum Teil auf die Rückkehr zu einem primitiven und wilden Zustand sowie auf die ungünstigen moralischen Bedingungen zurückzuführen ist, unter denen sie existieren im Allgemeinen." – *Animals and Plants under Domestication* , Bd. ii. P. 63.

[126] Diese Ansicht steht nicht im Widerspruch zur Lehre von der Einheit der Rasse. Die große Schwierigkeit bei der Interpretation der Heiligen Schrift liegt in ihrer Kürze. Eine lange Zeitspanne lässt sich in wenigen Worten erfassen, und vieles bleibt den Schlussfolgerungen überlassen. Der Tenor der Heiligen Schrift befürwortet die Idee der Einheit der Rasse, wird jedoch nicht ausdrücklich erklärt. Die stärkste Passage ist Apostelgeschichte, Kapitel 17 und Vers 26: „Er hat alle Völker der Menschen aus einem Blut gemacht, damit sie auf dem ganzen Erdboden wohnen." Dies widerspricht nicht der Vorstellung, dass es mehr als ein Paar gibt, aber ihr *Blut* ist das gleiche. Es wird nicht behauptet, dass Adam keine Vorfahren hatte. Wenn erklärt wird, dass Adam der Sohn Gottes war, dann nur, um den Ursprung des Menschen auf das Höchste Wesen zurückzuführen. Wenn Adam Vorfahren hatte, hat es keine Bedeutung, sie wegzulassen, da es nicht ungewöhnlich war, die Namen unwichtiger Personen wegzulassen. Ein Beispiel dieser Art findet sich in der Genealogie Davids. Von der Geburt Obeds bis zur Geburt seines Enkels David (allgemeine Chronologie) beträgt

ein Zeitraum von zweihundertdreiundzwanzig Jahren. Offensichtlich sind ein oder mehrere Mitglieder ausgeschieden. Wenn Adam ein Prototyp war , war es nicht notwendig, die Linie weiter zurück zu verfolgen. Seine Formung aus dem Staub der Erde würde ihm eine Beziehung zum Rest der Menschheit verleihen. Er wurde ausgewählt und ausgestattet mit dem Ziel, die Rasse zu erheben – das Oberhaupt einer neuen Art von Menschheit zu werden.

[127] Die Septuaginta-Version ist eine Übersetzung der hebräischen Bibel ins Griechische, die etwa dreihundert Jahre V. CHR. ANGEFERTIGT WURDE . Die älteste existierende Handschrift. Die Geschichte des Alten Testaments auf Hebräisch reicht nicht weiter zurück als etwa im zehnten Jahrhundert nach der christlichen Ära – *Chips*. Bd. ich . P. 11.

[128] „Urmensch", S. 86.

[129] „Urmensch", S. 87.

[130] „Urwelt der hebräischen Tradition", S. 195.

[131] „Urwelt der hebräischen Tradition", S. 222.